FAKE BRAZIL

Guilherme Fiuza

FAKE BRAZIL

A epidemia de falsas verdades

COPYRIGHT © FARO EDITORIAL, 2020
COPYRIGHT © GUILHERME FIUZA, 2020

Todos os direitos reservados.
Nenhuma parte deste livro pode ser reproduzida sob quaisquer meios existentes sem autorização por escrito do editor.

Avis Rara é um selo da Faro Editorial.

Diretor editorial **PEDRO ALMEIDA**
Coordenação editorial **CARLA SACRATO**
Revisão **BÁRBARA PARENTE**
Ilustração de capa **FERNANDO MENA**
Imagens internas **EVERETT COLLECTION | SHUTTERSTOCK**

Dados Internacionais de Catalogação na Publicação (CIP)
Angélica Ilacqua CRB-8/7057

Fiuza, Guilherme
    Fake Brazil : a epidemia de falsas verdades / Guilherme Fiuza. — São Paulo : Faro Editorial, 2020.
    240 p.

    ISBN 978-65-86041-37-8

    1. Ciências sociais 2. Sociedade 3. Política e governo 4. Democracia 5. Fake News 6. Imprensa I. Título

20-2854   CDD 300

Índice para catálogo sistemático:
1. Ciências sociais   300

1ª edição brasileira: 2020
Direitos de edição em língua portuguesa, para o Brasil, adquiridos por FARO EDITORIAL

Avenida Andrômeda, 885 — Sala 310
Alphaville — Barueri — SP — Brasil
CEP: 06473-000
www.faroeditorial.com.br

SUMÁRIO

1. *Fake news* de grife   **13**
2. A resistência de boa aparência   **25**
3. A maquiagem progressista está toda borrada   **37**
4. Os heróis da democracia fascista   **47**
5. A empatia da bordoada   **57**
6. Cala a boca já morreu (mas ressuscitou)   **67**
7. A arte de dedurar   **81**
8. Os revolucionários de butique   **89**
9. A desmoralização da civilidade   **101**
10. Me censura senão eu minto   **115**
11. 2020, uma odisseia no porão   **127**
12. A orquestra do fracasso   **139**
13. O baile de máscaras da patrulha   **151**
14. Notícia boa é notícia escondida   **163**
15. Lula, STF e o amor   **175**
16. Operação Carne Fraca   **187**
17. Democracia sem povo   **197**
18. Araraquara connection   **209**
19. COVID, um negócio da China   **219**
20. Esperando a vacina contra a hipocrisia   **229**

OLHE EM VOLTA. VOCÊ NÃO ESTÁ SONHANDO:

- Veja os burgueses mais gulosos fantasiados de esquerda progressista e solidária;
- Veja a elite mais egoísta e autoritária se enchendo de dinheiro e poder enquanto finge defender as minorias e a democracia;
- Veja a grande imprensa decadente gritando contra *fake news* para tentar censurar as redes sociais com a figura medonha dos checadores da verdade;
- Veja esse golpe contra a liberdade de expressão unindo de tribunais a intelectuais para consagrar a mentira de grife;

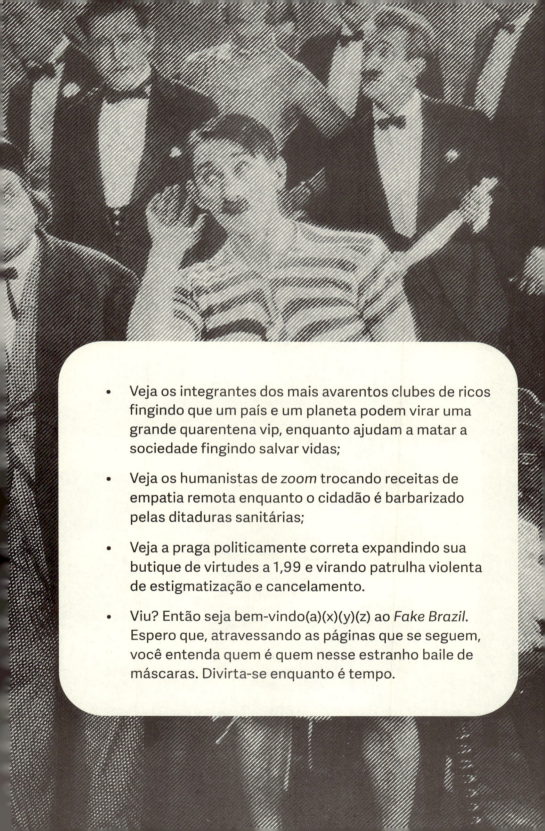

- Veja os integrantes dos mais avarentos clubes de ricos fingindo que um país e um planeta podem virar uma grande quarentena vip, enquanto ajudam a matar a sociedade fingindo salvar vidas;
- Veja os humanistas de *zoom* trocando receitas de empatia remota enquanto o cidadão é barbarizado pelas ditaduras sanitárias;
- Veja a praga politicamente correta expandindo sua butique de virtudes a 1,99 e virando patrulha violenta de estigmatização e cancelamento.
- Viu? Então seja bem-vindo(a)(x)(y)(z) ao *Fake Brazil*. Espero que, atravessando as páginas que se seguem, você entenda quem é quem nesse estranho baile de máscaras. Divirta-se enquanto é tempo.

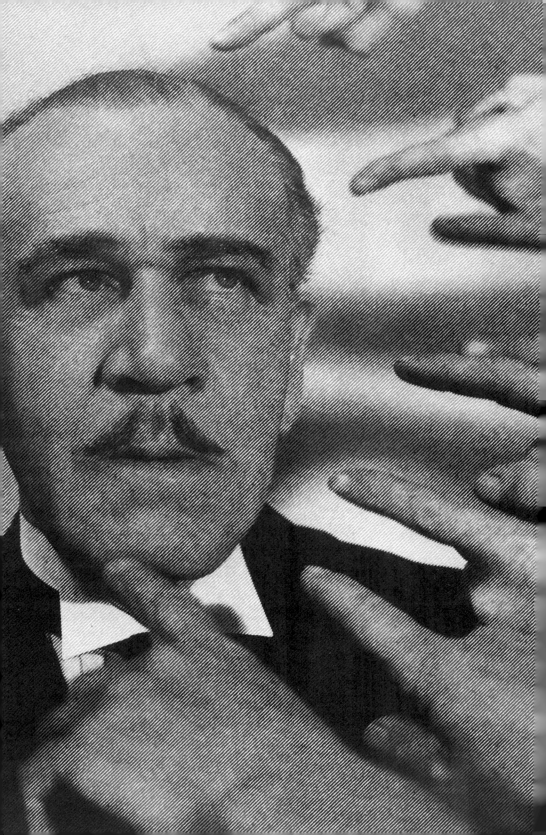

CAPÍTULO 1

Fake news de grife

TODO MUNDO JÁ ENTENDEU QUE O COMBATENTE DE *fake news* e o propagador de *fake news* são a mesma pessoa, né? Ainda não? Normal. É que o grande propagador de *fake news* hoje em dia não é mais aquele tipo marginal, obscuro, escondido atrás de pseudônimos, computadores remotos e perfis falsos. Nada disso, acabou esse perrengue. O disseminador da mentira hoje é um personagem legalizado, educado, de boa aparência, que age à luz do dia, com grife e tudo. Como cantou o profeta da falsidade: "Agora já não é normal / O que dá de malandro regular, profissional"...

Em mais um momento glorioso do Supremo Tribunal Federal, em que ele preparava a soltura de Lula, o ladrão amigo — acusado por Marcos Valério de mandante do assassinato de Celso Daniel, ou seja, gente boa — o ministro Celso de Mello disse o seguinte: "Os delinquentes do submundo digital" submetem o STF (pobrezinho) a pressões "ilegítimas". Falou e disse. Ninguém é decano da Corte que solta o maior ladrão do país à toa.

Legítimo certamente foi o voto de Celso de Mello em 5 de abril de 2018 para tentar evitar a prisão de Lula, através de um *habeas corpus* preventivo que rasgava a decisão do próprio STF de apenas dois anos antes, autorizando a prisão após condenação em segunda instância. Legítimo é você afrontar a jurisprudência firmada pelo seu próprio tribunal para salvar o homem que regeu a destruição da economia popular no maior assalto da história.

Segundo o decano dessa Corte compreensiva, a delinquência do submundo digital tem uma "atuação sinistra" contra a democracia. Não vamos cansar a sua beleza com conversinha cifrada. Celso de Mello se refere ao movimento das redes sociais que decidiu a eleição presidencial de 2018 e depois passou a apoiar a agenda de reconstrução nacional — com destaque para a sonhada Reforma da Previdência, que deixou de ser sonho, graças em grande medida aos "delinquentes do submundo digital".

Não, o discurso do decano (que reflete o dos seus pares e de boa parte da elite brasileira) não é dirigido aos arroubos na internet, à agressividade que passa do limite saudável ou aos palavrões. O acusador de toga não nominou ninguém, não deu nenhuma pista, não cumpriu a obrigação intelectual de deixar claro a quem estava se referindo. Essa generalização é a alma do negócio, o pulo do gato, a ginga essencial do malandro regular, profissional. É justamente o truque para dizer que *fake news* é tudo aquilo que desafia a hegemonia falsamente "progressista" dessa elite reacionária — que tragicamente inclui, além dos seres togados & simpatizantes da quadrilha que montou essa Corte, boa parte da grande imprensa.

Fazendo coro com o discurso de Celso de Mello contra a "delinquência digital" que decidiu a eleição presidencial, um *tsunami* de notícias tentava criar suspeição sobre o resultado das urnas (muito grave). Fora a especulação conspiratória quase diária contra os ministros de Bolsonaro. Paulo Guedes, por exemplo, estava sempre "isolado", "irritado", "decepcionado" etc. — sendo ele, não por acaso, o principal símbolo da melhor equipe de governo deste século que boa parte da imprensa tentava envenenar com desinformação.

Se dependesse do noticiário tradicional, o povo acharia que Guedes, Tarcísio e cia estavam abandonados num canto deprimidos, jogando baralho e assistindo pela TV ao primeiro-ministro Rodrigo Maia salvar o Brasil do incêndio fascista — isso depois de acordar de bom humor e dar aos brasileiros, com grande generosidade, a reforma da Previdência. Já deu para entender o que é *fake news*?

Pois bem: Rodrigo Maia, o conspirador que ama a palavra "harmonia", estava em Londres lançando tranquilamente suspeições sobre a eleição presidencial no Brasil. Ou seja: mais uma forcinha ao enredo novelesco da "delinquência digital" — que virou obsessão para esses burocratas por ser, na verdade e essencialmente, uma circulação de informações sadia e potente entre pessoas comuns, capaz de furar a asfixia montada por essa elite reacionária que quer falar sozinha.

Lula ainda não sumiu na lata de lixo da história porque é útil para a sabotagem da agenda de reconstrução do país — que ameaça deixar esses parasitas empertigados à míngua.

Por aí você vê que Alexandre Toffoli e Dias de Moraes, ou vice-versa, a dupla caipira do STF que jogou o Brasil na nostalgia autoritária, não estão sozinhos. A construção do cenário para garfar a liberdade de expressão — com a embalagem do famigerado inquérito contra *fake news* — teve a contribuição de muita gente boa que está aí clamando por democracia. É a chamada resistência cenográfica.

Na campanha eleitoral de 2018, os justiceiros Luiz Weber e Rosa Fux, ou vice-versa, declararam que um caso comprovado de *fake news* poderia anular a eleição. Você sabe do que eles estavam falando, né? Não sabe? Explicamos então: essa *fake news* aí não tem nada a ver com notícia falsa.

Era apenas uma cópia vagabunda da estratégia eleitoral norte-americana para transformar Hillary Clinton em vítima do fascismo imaginário. Em outras palavras: tudo que não viesse da imprensa mergulhada até o pescoço na campanha da candidata do imaculado Obama era *fake news*. Estão até hoje gritando que a derrota foi um golpe do WhatsApp em conspiração com a Rússia, ou vice-versa. O inquérito provando que não houve conluio foi concluído, mas não interessa. Hoje em dia ninguém precisa de fatos.

A mesmíssima narrativa foi aplicada ao Brasil. A formação de uma espécie de igreja progressista dos últimos dias — na verdade uma pantomima politicamente correta de alto teor lucrativo — foi tragando boa parte da sociedade virtuosa nos últimos anos. O truque é simples e irresistível: você adquire o kit-bondade (1,99) mediante a repetição dos clichês certos e ganha o salvo-conduto — uma espécie de abadá moral — para entrar no cercadinho vip contra os fascistas. Aí você pode cair na folia da demagogia humanitária como se não houvesse amanhã, que ninguém vai te incomodar.

Curiosamente, parte da imprensa que apostou tudo nas *fake news* da dupla Janot & Joesley em 2017 — no caso da delação armada (e depois suspensa) para virar a mesa do Brasil pós-PT — virou combatente contra as *fake news* das diabólicas redes sociais no ano seguinte. Apareceram até agências de checagem de fatos para informar aos mortais onde estava a verdade (humildade é tudo). Uma cruzada épica para impedir que um golpe fascista das tias do WhatsApp decidisse a eleição, como nos Estados Unidos.

Foi nessa onda de resistência democrática para boi dormir que os tribunais superiores ganharam a missão intergaláctica de combater *fake news* — conforme anunciado pela dupla Fux-Weber. Entendeu de onde veio a varinha de condão usada pela dupla Toffoli-Moraes para brincar de ditadura?

Em outras palavras: no Brasil, como nos EUA e tragicamente em boa parte do mundo, a liberdade de imprensa tem sido tratada como a garota de programa que vai realizar o seu fetiche por um dia. A resposta dela não podia ser outra: ok, amor, vamos pro crime, mas não venha me pedir em casamento amanhã.

Quando a censura carnavalesca decretada por Alexandre Toffoli e Dias de Moraes atingiu uma revista, a resistência cenográfica até ensaiou um protesto no carro alegórico da imprensa livre, porque no Carnaval ninguém lembra mesmo do que fez na véspera — no caso, ajudar a montar o cenário onde a dupla caipira de toga se sentiu à vontade para avacalhar a liberdade de expressão. Mas logo a dupla voltou a fantasiar de combate ao fascismo a sua perseguição às redes sociais, e aí os bravos democratas voltaram a conviver numa boa com a censura.

Todos contra o "Gabinete do Ódio" — apelido gracioso para a teoria conspiratória de que a opinião pública favorável à agenda de reconstrução do país é uma milícia comandada pelo governo. Contando ninguém acredita.

A tese *fake* do Gabinete do Ódio embasa as perseguições políticas do Supremo Tribunal Federal. O mesmo STF forjado por Lula e sua quadrilha para referendar seu plano autoritário, exatamente como a corte suprema da Venezuela virou um anexo do chavismo. Captou o DNA? (OBS.: o chavismo não se consumou aqui, porque o Brasil foi para a rua e impediu.)

Você só não poderia imaginar que esse entulho autoritário petista mereceria vista grossa de tanto adversário do PT. Vai faltar armário para o liberalismo afônico.

Esse liberalismo trans só fala para conspirar — como se viu quando uma integrante do gabinete do amor foi à porta do palácio cobrar do presidente as mortes por coronavírus. É o amor nos tempos do cólera, como diria García Márquez. Ali pertinho, as vedetes do STF devem ter pensado: ainda bem que ela não viu a gente.

Na verdade, viu, mas fingiu que não viu. O gabinete do amor sabe que, se fosse para discutir para valer responsabilidade de autoridades no enfrentamento da epidemia, a conversa teria que começar no Supremo. Mas aí não teria graça. Ninguém se promove batendo em cachorro morto.

O STF deu a caneta mágica aos governadores (e prefeitos) para montarem o Covidão e a quarentena totalitária, combinação devastadora da qual todos os cúmplices chegaram a achar que sairiam imunes. Mas depois começaram a entender que não será bem assim.

Naquele mesmo momento, o pedido de *impeachment* do governador do Rio de Janeiro era formalmente aceito. Wilson Witzel é do mesmo partido da funcionária do gabinete do amor que foi tentar grudar cadáveres no presidente na porta do palácio. Não do mesmo partido político. Do mesmo partido existencial. A razão de viver de Witzel e da milícia do amor colérico é idêntica: surfar no antibolsonarismo — seja lá o que isso for. A contabilidade manual de uma birosca de beira de estrada é mais sofisticada que as mentes desses surfistas da pequena política nacional.

Quando a vida não te dá proteína espiritual, é alta a probabilidade de você achar que suas chances de progredir estão condicionadas à mistificação. À simulação. À montagem de um campo de batalha cenográfico do qual você sairá inexoravelmente vencedor, porque tudo ali é produto da sua birosca mental. E como a proteína é pouca, você vai se encantar com a hipótese de que todos acreditarão para sempre no seu novelão, e te levarão a sério.

Na linguagem do surfe, o pico é o lugar onde surgem as melhores ondas. Para os surfistas de epidemia, o pico está sempre ali na frente — eternizando a onda da patrulha mórbida que significará, após uma espetacular distribuição de culpas, o sucesso inevitável deles e de suas pranchetas. Os urubus sobrevoaram essa cena e foram embora após um singelo comentário: "Que babacas".

Os parasitas de tragédia, os liberais de cativeiro e os humanistas de butique estão irmanados na complacência silenciosa para com governadores que viraram caso de polícia. Nenhuma dessas libélulas antifascistas viu cidadãs sendo barbarizadas nas ruas pelos tiranetes. Estavam mais preocupadas em tramar com a "comunidade científica" do PT, PSOL e genéricos as diretrizes de fundo de quintal para manter todo mundo preso e asfixiar a sociedade.

O motivo era nobre: caprichar no acabamento do vilão que justificaria seu heroísmo de proveta. Pela primeira vez na história da humanidade a ciência foi confundida com batuque de panela em quarentena vip — lugar seguro onde panela vazia é tamborim e não faz coro com estômago roncando.

Pode ser que ninguém tenha notado o silêncio do gabinete do amor diante dos milhões desviados em respiradores fajutos, hospitais de fachada e soro fisiológico superfaturado; diante das estatísticas batizadas para potencializar o roubo; diante da deliberada mistura de dados entre vítimas e portadores do coronavírus com os de outras doenças graves para apavorar a população.

FAKE BRAZIL

    Pode ser até que o truque ressuscite e sobreviva um pouco mais — que seja infinito enquanto dure, como se diz no pico do Mandetta — e que papai do céu não esteja vendo tudo isso.
    Mas os urubus já viram. E a sentença é definitiva: babacas!
    Conversa de gabinete no *Brazil* moderno:

    — Você é do gabinete do ódio?
    — Sou. E você?
    — Gabinete do amor.
    — Ah, que sorte.
    — Pois é. Por que você não vem pra cá?
    — Ué, me convida que eu vou.
    — Você tem experiência?
    — De amor?
    — É.
    — Não. Só de ódio.
    — Ah, então não dá. Que pena.
    — É. Imaginei.
    — Mas tenta uma formação, tem uns cursos bons por aí.
    — Se eu conseguir um certificado, será que consigo entrar no gabinete do amor como estagiário?
    — Depende. Você vai ter que passar por um processo seletivo.
    — É muito difícil?
    — Vão te fazer umas perguntas sobre *fake news*. Se você der as respostas certas, tá dentro.
    — Show. Vou começar a estudar.

— E joga fora tudo que você aprendeu no gabinete do ódio. Nada vai servir pra cá.

— Isso é que me deixa tenso. Será que eu vou conseguir uma mudança tão radical?

— Tudo é bom senso. Se você tiver bom senso, a transformação vem naturalmente.

— Quero muito isso. Será que você pode ir me dando umas dicas?

— Que dicas?

— Do que eu respondo no processo seletivo.

— Sobre *fake news*?

— É. Só uma ideia geral.

— Bom: em primeiro lugar, você precisa ser capaz de checar fatos.

— Aí é que o bicho pega. Não entendo nada disso.

— Não é difícil. Um bom começo é você ir separando as fontes confiáveis.

— Pode dar um exemplo?

— Ah, tem várias. O STF, por exemplo.

— Como assim?

— Não é uma bíblia, mas é um bom guia. Se o Alexandre de Moraes, por exemplo, disser que o Dias Toffoli não é o amigo do amigo do meu pai, é porque não é.

— Seu pai?

— Não, querido. O pai do Marcelo Odebrecht.

— Ah, tá. No caso, então, *fake news* seria dizer que o Toffoli era conhecido na Odebrecht como amigo do Lula.

— Exatamente.

— Se eu responder isso, consigo vaga no gabinete do amor?

— Não só isso. O processo seletivo é rigoroso.

— Pode dar outro exemplo de fonte confiável?

— Não posso falar muito. Mas vou te deixar alguns nomes-chave.
— Obrigado.
— Pensa sempre em Rodrigo Maia, Randolfe, Molon, Wyllys, Ciro Gomes...
— Como referência de *fake news*?
— Não. De verdade.
— Ah, tá. É que no gabinete do ódio é tudo ao contrário.
— Claro. O ódio é o contrário do amor.
— Isso. Eu devia ter deduzido.
— Não se preocupe. Você vai recuperar a capacidade de dedução quando parar de odiar.
— Sério?
— Científico. Segundo a OMS e o Instituto Butantã, cerca de 90% dos...
— Espera. Já estou com informação demais. Vou começar a me confundir.
— Tudo bem, eu entendo. Aqui no gabinete do amor você vai conseguir armazenar muito mais.
— Na nuvem?
— Nas nuvens.
— Que lindo. Então você acha mesmo que tenho chance?
— Não sei. Precisaria fazer um teste pra verificar o seu potencial.
— Tudo bem, pode fazer.
— Ok. Me responde o seguinte: o que há em comum entre o *impeachment* da Dilma e a eleição do Bolsonaro?
— Foi golpe.
— Perfeito! Como você captou com tanta exatidão?
— Segui a lógica. É tudo ao contrário do que eu achava, né?
— Exato. Você tem chance. Só faltou uma coisa.

FAKE NEWS DE GRIFE

— O quê?
— A pronúncia. O certo é gópi.
— Ok. Também faltou te dizer uma coisa.
— O quê?
— Enfia esse gópi no...
— Êpa! Calma aí! Tá pensando que isso aqui é gabinete do ódio?
— Não. Isso foi uma declaração de amor.

CAPÍTULO 2

A resistência de boa aparência

A CENA DE UMA JOVEM DEPUTADA DE BOA APARÊNCIA (E ótimos padrinhos) avançando a céu aberto para derrubar o fascismo comoveu o Brasil. A imagem da meiga Tabata Amaral marchando ao lado de Alexandre Frota pela educação encheu os brasileiros de esperança. Se a Petra Costa não estivesse no Oscar poderia ter começado a filmar ali mesmo a *Democracia em Vertigem 2 — Mais Vertiginosa Ainda*. Enquanto não vem o novo blockbuster da Andrade Gutierrez, vamos tentando explicar essa nova e exuberante pedagogia nacional.

Como todo mundo já sabe e todo mundo já viu, o petismo já era. Quem está dando um show hoje no Brasil é a resistência de boa aparência. O que aconteceu foi o seguinte: quando os heroicos defensores da democracia e do liberalismo viram que a reforma da Previdência — que eles sempre disseram que era a salvação — estava realmente sendo feita, partiram para a guerra. Não a guerra para aprovar a reforma, claro. A guerra para bombardear os que estavam ousando fazê-la.

É uma lógica muito simples. Como é que você vai viver de vender uma salvação se os possíveis compradores já estão salvos? Não dá. E aí é que a coisa complicou de vez. A nova Previdência, que sozinha já salva o país do colapso — ou seja, uma desgraça — é uma de várias reformas que começam finalmente a remover os caninos do Estado do pescoço do contribuinte. Enfim, uma revolução — a verdadeira, a libertadora, a única.

Foi assim que nasceu a revolução de auditório — limpinha, perfumada e fácil de usar. É um movimento de renovação nacional com receitas simples e geniais que qualquer um pode fazer. Por exemplo: pegue um rostinho meigo, jogue uma pitada de PDT com Ambev, misture tudo no caldeirão do Hulk e está pronta uma liderança política novinha em folha. Se o Darcy Ribeiro soubesse disso teria levado os índios direto pro shopping.

Nesse alegre parque de diversões cívico, você pode ver políticos históricos como Fernando Henrique Cardoso ou Roberto Freire fazendo acrobacias intelectuais e acadêmicas para explicar sua devoção a um apresentador de auditório milionário. Esses cardeais da democracia e da civilidade estavam preocupadíssimos com o avanço da ignorância no poder — e depois de muito refletir, conjecturar e prospectar suas mais refinadas fontes de saber e erudição, fecharam com Luciano Huck.

Nessa Disney da renovação democrática, você não para de se divertir. Tem um brinquedo que é sensacional: você pergunta ao Armínio Fraga — o ex-presidente do Banco Central e grande propagador do liberalismo — o que ele está achando das reformas liberais do Paulo Guedes, e ele te responde que a Amazônia está em perigo. Aí você pergunta ao Armínio o que ele achou do menor risco da década e dos menores juros da história, e ele te responde que a mulher é dona do próprio corpo. Com um pouco de sorte, você ainda verá Armínio Fraga alertando

A RESISTÊNCIA DE BOA APARÊNCIA

que Bolsonaro ameaça as baleias — alerta que vale ao mesmo tempo para ecologia e para gordofobia. Gênio.

A ecologia é muito importante nesse *tsunami* de renovação — e nada mais novo que João Amoedo reciclando panfleto petista para acusar o fascismo por derramamento de óleo na praia. Reciclar é renovar. Ande um pouco mais no parque de diversões da resistência e você verá João Dória de mãos dadas com Alexandre Frota contra a brutalidade no poder. Dória também pode ser visto dando a mão ao presidente petista da OAB para gritar contra a ditadura do século passado. Renovar é viver.

Na Disney da renovação só tem gente bem vestida e cheirosa. Ali é tudo tão excitante que você pode até encontrar um grande amor. Aí você só vai ter o trabalho de perguntar: no meu jatinho ou no seu?

E foi assim que a roda-viva dos intelectuais se encantou com o homem bruto — afinal de contas, quem rompe com Bolsonaro só pode ser uma alma sensível, rapidamente promovida a dissidente do fascismo. Saboreie esse encontro marcante na história da democracia *gourmet*:

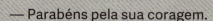

— Parabéns pela sua coragem.
— De quê?
— Bem... De ir ao coração do obscurantismo, testemunhar a gestação do ovo da serpente e romper com essa estrutura de dominação suprainstitucional que se insinua sobre a democracia.
— Ah, isso é *mermo*.

— Como foi que você teve esse despertar?
— Parceiro, na real, meu despertador tá quebrado. *Num* me atrasei pra vir aqui, porque o meu cachorro me deu uma lambida na cara bem na hora. Me amarro no meu cachorro.
— Poxa, que bacana. Admiro muito quem respeita os animais.
— Quem falou de respeito, animal? Meu cachorro é meu amigo.
— Ah, claro. Sim, amizade, respeito... São aspectos de um mesmo conjunto de valores. Isso me lembra um postulado, acho que foi Heidegger...
— Dobermann.
— Hein?
— A raça do cachorro é dobermann.
— Ah, sim. Excelente raça!
— Meio traíra.
— Bem, depende de cada um...
— Tá chamando meu cachorro de traíra, parceiro?!
— Não! Claro que não. Foi você quem disse que...
— Eu disse que a parada da trairagem é uma parada dessa raça. Mas o meu não é.
— Que bom. Confiança é tudo! Por falar nisso, voltando... Quando foi que você perdeu a confiança nos seus ex-aliados? Foi no momento em que você descobriu que eles eram fascistas?
— Sei lá, parceiro. Eu vi a galera detonando *os cara*, e detonar é uma parada que eu curto.
— Entendi... E eles respeitaram a sua decisão soberana de ruptura democrática ou nessa hora se revelaram desleais e mostraram toda a propensão ao despotismo?

— Eu não tenho nada contra o *deputismo*, acho deputado uma profissão como outra qualquer.
— Desculpe, acho que não me fiz entender. Me referi a despotismo, propensão despótica, autoritária...
— Ah, isso é *mermo*.
— O quê?
— Isso aí que tu falou.
— O grupo político que está no poder tem propensão despótica?
— É.
— Tem neurose autoritária e quer suprimir as liberdades, interferindo de cima para baixo na autonomia do indivíduo enquanto ser social e usando o Estado como biombo para a mais hedionda tirania?
— É.
— Estou impressionado com o seu relato. Como pudemos chegar a esse ponto?
— Aí é de cada um. Eu vim de Uber.
— Certo... Que bom ainda termos soberania sobre as nossas decisões de ir e vir.
— É, mas *num* sei se vai ficar assim, não.
— Você acha que eles vão implantar uma ditadura?! Você poderia dizer quando o projeto ditatorial será implantado de fato e a grande noite cairá sobre o continente?
— Essa parada daí *num* tô ligado, não. Falei que *num* vai ficar assim a parada do Uber.
— Como assim?
— Parceiro, *os taxista* tão puto e vão meter a porrada nesses Uber. Que tá barato pra c... *mermo*. Pra mim tá ótimo, mas se eu fosse taxista metia a porrada também.

— Sei... Entendo o seu ponto! A relativização é a beleza da democracia, não é mesmo?

— Beleza pura.

— Então concordamos! Viva o diálogo democrático! Chega de fascismo!

— Já é.

O GOVERNADOR DE SÃO PAULO, JOÃO DÓRIA, DEU UM telefonema particular para o ministro da Economia, Paulo Guedes, logo após o pedido de demissão do ministro Sergio Moro. Segundo relatos não desmentidos pelo governador, Dória recomendou a Guedes que pedisse demissão também — retirando a última sustentação do governo Bolsonaro, segundo ele.

Principal condutor da agenda de reconstrução do país, Paulo Guedes regeu reformas vitais como a da Previdência, entre outras ações com efeito direto na vida de toda a população. No meio de uma crise grave e inusitada provocada por uma pandemia, o governador do maior estado da Federação pediu que o comandante do navio largasse o leme — o que, pelos cálculos de Dória, deixaria o país à deriva.

Paulo Guedes respondeu que a sustentação do governo não vinha dele, mas do apoio do povo. E que seu plano não era deixar o barco afundar, pois acreditava que após a superação da crise o apoio popular que sustentava o governo se multiplicaria.

Você acaba de testemunhar a conversa entre um homem e um rato.

A RESISTÊNCIA DE BOA APARÊNCIA

Assim como João Dória tinha uma mensagem para Paulo Guedes (será que algum outro ministro recebeu a mesma sugestão?), o cidadão comum talvez tivesse também uma mensagem para João Dória. Mas ele não telefonaria escondido para o governador, porque só trabalha à luz do dia. Vamos imaginar como seria essa mensagem:

Prezado governador, como vai o Lula? O enlace entre vocês continua progredindo, ou ele já teve uma crise de ciúmes diante do seu talento para a destruição? É bem verdade que as obras completas do ex-presidente continuam imbatíveis, mas também é certo que ele nunca conseguiu a sua eficácia destrutiva no intervalo de alguns meses.

Lula deve estar encantado com você. Segundo Leonel Brizola, o "sapo barbudo" era um maníaco pelo poder e, para chegar aonde queria, era capaz de "pisar no pescoço da mãe". E você, Dória, que não é um sapo barbudo e não tem um fio de cabelo fora do gel, veio derrubar os velhos modelos de ambição porca. O novo maníaco é limpinho, não se descabela, não se altera, não se perturba, não se envergonha e é, portanto, à prova de remorso e comiseração. Tudo isso graças a um dom muito simples e discreto: não ter coração. E os tolos aí tentando criticar você com códigos humanos...

Os mais atentos jamais vão se esquecer do brilho nos seus olhos no início da epidemia, quando você disse que não ia deixar nada funcionar. E quando você constrangeu todos os empreendedores insinuando que eles estavam pensando em lucros, enquanto você estava pensando em vidas. Logo você...

Aí a Organização Mundial da Saúde, que é a madrinha da quarentena burra, admitiu que o *lockdown* horizontal não era necessariamente a medida certa contra a epidemia, dependendo da região. E o diretor-geral Tedros Adhanom, porta-voz planetário do "fique em casa" (e cale a boca), recomendou com todas as letras que regiões onde há vulnerabilidade social (gente que cava a subsistência todo dia) deviam relativizar o confinamento, protegendo os grupos de risco. Aí você e aquela sua junta médica do apocalipse, até então devotos fervorosos da OMS, ficaram surdos. Quem é Tedros para desafiar a ciência da destruição?

Vieram mais e mais dados, também da OMS, sobre o avanço do contágio por coronavírus dentro das casas. A entidade chegou a considerar que a pandemia podia estar sendo estendida pela pouca circulação do vírus entre os saudáveis — o que levaria à imunização natural das populações. E você e suas cassandras ficaram firmes, continuando a apavorar todo mundo com equações inventadas relacionando rigorosamente percentual de confinados com demanda por leitos. E com aquele show de óbitos "presumidos" por COVID-19 — um escândalo estatístico que, para a sorte de vocês, ninguém questionou a tempo.

Prezado João Dória, este bilhete de um cidadão comum é só para lhe dizer que, a partir do seu telefonema sórdido para Paulo Guedes, ninguém tem mais o direito de negar a sua ciência da ruína. Não vamos pedir a você o que você pediu ao ministro da Economia, porque androides não desistem. Mas saiba que o surto de catatonia geral um dia passa, e ninguém no porão ficará imune. Nem os ratos.

Você não escreveria o bilhete acima? Então você provavelmente achou que os elogios comovidos de Fernando Haddad a Henrique Mandetta tinham alguma coisa a ver com enfrentamento de epidemia. Nesse caso, você foi aprovado como figurante no show de simulação e confinamento. E com certeza também viu no súbito enlace de João Dória com Lula uma conjunção de forças democráticas pelo bem da saúde pública.

A RESISTÊNCIA DE BOA APARÊNCIA

Governador, ex-ministro, ex-presidiário e ex-suplente de presidiário certamente se uniram nesse enredo para ajudar você.

Todos sabem que o mais importante numa emergência sanitária é ter autoridades falando sobre a tragédia 24 horas por dia, de forma que o público não se distraia com besteira. Foi assim que o país assistiu durante pelo menos um mês o ex-ministro Mandetta falando um pouco de tudo — das informações gerais sobre o combate ao coronavírus a reflexões, projeções, correção de projeções, expectativas, desabafos, teorizações sobre o enclave entre o SUS e a democracia, digressões sobre a importância do diálogo com os traficantes de drogas e exaltações à ciência.

Nessa parte da elegia científica, faltou só um detalhe que, por coincidência, passou a ser abordado pela medicina séria logo em seguida: a paralisação da sociedade armou uma bomba mortífera na saúde da população.

Essa perspectiva, que era óbvia, mesmo assim sumiu das preocupações oficiais na gestão Mandetta: a suspensão de exames, tratamentos e diagnósticos de todos os males que não fossem coronavírus fez explodir um quadro geral de doenças agravadas em estágio avançado. Muita gente pagou com a vida. Exames, tratamentos e diagnósticos são recursos científicos. A história vai dizer se a ciência foi atropelada pela retórica.

A devoção científica também estava nos elogios dirigidos ao ex-ministro pelo professor Haddad — membro da quadrilha que revolucionou a ciência da corrupção — e na troca de afagos entre o governador Dória e Lula, PhD em subtração. Todos unidos pelo teorema da paralisia geral, com propósitos que, considerando seus currículos e prontuários, só podiam ser humanitários.

Se considerarmos, com certa boa vontade, que ficção científica também não deixa de ser ciência, Dória deu sua contribuição com as equações ornamentais do *lockdown* de São Paulo. Um homem à frente do seu tempo (2022), o governador esteve entre as primeiras autoridades a anunciar o fechamento geral. Depois recuou um pouco — sobre fábricas, por exemplo — para não parecer que desejava paralisar por paralisar. Mas não deixou de ameaçar na primeira hora os agentes econômicos, constrangendo-os com a advertência de que não era hora de empresário pensar em lucro. Depois ameaçou prender na rua o cidadão que desrespeitasse a quarentena.

Nenhum cientista no mundo ousou estabelecer um modelo matemático relacionando de forma exata percentual de confinamento, progressão da epidemia entre vulneráveis e consequente expansão de demanda por leitos de UTI. Mas as autoridades de São Paulo disseram que tinham esse modelo — e que se a quarentena não chegasse aos níveis determinados por elas o sistema hospitalar iria colapsar em exatos 15 dias. Ciência é tudo — e chute é para os fortes.

Muitos países fizeram isolamento total e outros fizeram isolamento parcial, focado nos grupos de risco e nas atividades que provocam aglomeração. No balanço entre resultados melhores e piores contra a epidemia, nenhuma fórmula de combate foi consagrada — era tudo hipótese e tentativa. Mas em muitos lugares o fechamento geral virou dogma.

Se não era ciência e não era religião, só pode ter sido política.

CAPÍTULO 3

A maquiagem progressista está toda borrada

O SUPREMO TRIBUNAL FEDERAL SE REUNIU PARA RASGAR sua própria decisão de apenas três anos antes sobre prisão após condenação em segunda instância por quê? De onde veio a motivação? Qual foi a divindade que instou os companheiros togados a dar esse cavalo de pau na aplicação da lei?

Como no período não houve qualquer mudança de conjuntura em termos de jurisprudência, leis ou Constituição, não é difícil identificar que divindade foi essa: Luiz Inácio Lula da Silva, o bom ladrão — que, por uma coincidência divina, é o padrinho dessa vergonhosa corte, montada à imagem e semelhança do seu amo e senhor.

Exatamente isto: a única coisa que mudou no cenário judicial brasileiro entre 2016 e 2019 foi a prisão de Lula — e de vários de seus comparsas. Foi por isso que o STF foi desenterrar uma matéria sobre a qual já decidira em plenário — e não cabe a uma corte suprema ficar mudando suas decisões ao sabor do vento, como quem muda de toga. O Supremo se desdisse para soltar Lula.

E veja que detalhe eloquente no julgamento que ficará na história da Justiça (*sic*) como o casuísmo mais escancarado em favor de uma quadrilha: o ministro Gilmar Mendes, que em 2016 tinha votado com grande convicção a favor da prisão em segunda instância — lembrando inclusive que essa era a regra vigente nos países mais civilizados do mundo —, deu uma pirueta e não apenas votou contra si mesmo, como fez questão de atacar ostensivamente, no seu voto, o juiz responsável pela prisão de Lula, Sergio Moro.

E o eminente Gilmar fez isso da forma mais subterrânea possível: citando as mensagens roubadas por *hackers* de procuradores da Lava Jato — muamba esta que rendeu um novelão na grande imprensa marrom, tentando incriminar a força-tarefa com interpretações fantasiosas a partir de um conteúdo que não comprometia absolutamente nenhum processo da operação.

Pois veja que atestado inegável de boa-fé: o ministro muda o seu voto ornando-o com alegorias do submundo da arapongagem petista, jogando esse balde de leviandade sobre o juiz que prendeu aquele que a imaculada corte estava reunida para soltar. Contando ninguém acredita.

Dizem por aí que foi mais uma vergonha protagonizada pelo STF. Não, essa descrição está imprecisa. Tamanho e manifesto abuso de poder com a consequência única de beneficiar criminosos ligados inegavelmente a membros desse tribunal não é só uma vergonha — é um ataque à democracia. Onde estava aquela estridente resistência contra o autoritarismo? Enjoou do teatro democrático?

Parece que sim. Sobre essa gente esclarecida que celebrou uma manobra imunda para soltar o homem que vendeu o Brasil a um cartel de empreiteiras — um presidente que virou despachante da Odebrecht para ficar milionário chupando o sangue do povo — o que se pode dizer é que, no eterno dilema entre ignorância e canalhice, são pessoas condenadas ao drama perpétuo de não poder alegar que não sabem ler.

Então é melhor mesmo se jogar com tudo no autoengano e beber até se esquecer de si na rave Lula Livre. No momento em que o ladrão foi solto, a maior dificuldade era saber onde era a festa. No PT, na OAB, no PCC ou na PQP?

Mas esse escândalo com um baralho inteiro de cartas marcadas — guerra declarada ao Direito — não proibiu a força-tarefa de continuar o cerco à maior gangue política da história, que roubou o suficiente para continuar comprando gente por muito tempo. A Lava Jato ganhou a missão eterna de demonstrar que Lula sempre estará à frente da quadrilha que tenta obstruir a Justiça — como mostra a torrente de informações reveladas em delações como as de Antonio Palocci, Léo Pinheiro e João Santana. O *modus operandi* é conhecido — e já foi flagrado diversas vezes, como nos conluios e coações que resultaram no sepultamento da operação Castelo de Areia.

A qualquer tempo, a liberdade de Lula ameaça o combate à corrupção no Brasil. Caso de polícia se resolve com polícia, porque no setor da conversa fiada os inocentes úteis (ou nem tão inocentes, mas muito úteis) continuarão a dar o verniz "progressista" para a ação desinibida da gangue.

Para se ter uma ideia, bastou um ministro da Educação que não pertencia à gangue fazer uma citação de Cazuza para a resistência de auditório reivindicar o lugar de fala. No pelotão de frente da indignação postiça estava ninguém menos que Fernando Haddad — que talvez você não se recorde, mas já concorreu à Presidência como suplente de presidiário. O lugar de fala, no caso, seria o xadrez.

Mas lá estava Haddad, o poste sem luz, fingindo indignação para exercer sua principal especialidade — puxar o saco de artista com demagogia contra o fascismo imaginário. Entendeu a simplicidade do cálculo? Finja que o Brasil voltou aos anos de chumbo, pegue uma fala de um ministro dessa ditadura terrível que você inventou e saia heroicamente em defesa do artista popular citado pelo monstro. Só tem um problema.

Fernando Haddad e o restante da resistência de auditório que posou de defensora de Cazuza não combinam muito com os versos do compositor. Especialmente pelo apito que tocaram por década e meia na política nacional, apoiando flagrantemente o maior assalto da história do país — país este ao qual Cazuza perguntou, num de seus maiores hits, "qual o nome do seu sócio".

Essa você pode responder com autoridade, prezado poste sem luz: o nome do seu sócio é Odebrecht, OAS, JBS e toda a quadrilha que vocês montaram para, como diria o poeta, transformar o país inteiro num puteiro.

Os catadores de lixo ideológico cortam um dobrado para tentar alimentar a lenda que os sustenta. Roger Waters chegou ao ponto de defender o ditador sanguinário que destruiu a Venezuela. Ele achou que assim estaria retocando sua maquiagem "progressista" — num idioma onde "progresso" significa andar para trás. Ninguém segura os progressistas reacionários.

Mas a realidade andou tripudiando dessas almas penadas. No meio desse teatro, veio à tona a fortuna enfiada pela Odebrecht, a mando do PT, no chavismo assassino. Fala, Cazuza: "Quero ver quem paga pra gente ficar assim". A resposta está aí, em toda a sua obscenidade: os financiadores da ruína, os cafetões do puteiro, são justamente aqueles que diziam ter sensibilidade social. Os monopolistas da virtude prostituíram a bondade.

Aí Lula é condenado pela segunda vez por corrupção, no processo do sítio de Atibaia, e então se dá a alquimia revolucionária:

A MAQUIAGEM PROGRESSISTA ESTÁ TODA BORRADA

você não viu, nem verá, nenhuma dessas subcelebridades fantasiadas de democratas aplaudindo a condenação do maior ladrão do país a ¼ de século de prisão — sentenciado por uma mulher a quem ele tentou intimidar. Alguém avise à resistência cenográfica que a maquiagem progressista está toda borrada.

Nenhum pio dessa patrulha que passa a vida panfletando o empoderamento — justamente quando uma jovem juíza enfrentava um dos maiores criminosos da história. "Se começar nesse tom comigo, a gente vai ter problema" (a frase de Gabriela Hardt a Lula quando ele tentava constrangê-la) teria virado um troféu da causa feminina se houvesse um pingo de honestidade nesse papo de empoderamento.

Aí a venda da refinaria de Pasadena revelou que a negociata chancelada por Dilma Rousseff significou um rombo de 2,3 bilhões de reais. Como você não haverá de ter esquecido, Dilma é a empoderada número um dessa revolução de festim, a presidenta mulher ungida e tutelada pelo ogro. Nenhum pio também dos progressistas reacionários sobre o desfalque da musa. Saiu tão barato que ela ainda pediu indenização pela bolsa ditadura.

Faz sentido. Se você bate a carteira e ninguém te prende, você volta lá para pegar a bolsa.

Se ainda não deu para entender o truque demagógico, fique com esta: sabe quem era o candidato desses heróis da resistência democrática à presidência do Senado em 2019? Ninguém menos que ele — Renan Calheiros.

Bravos progressistas de butique: como diria Cazuza, a sua piscina está cheia de ratos.

* * *

LUIZ INÁCIO DA SILVA FALOU À NAÇÃO: "AINDA BEM QUE a natureza criou esse monstro chamado coronavírus". Assim o ex-presidente comemorou a destruição do país provocada pela paralisia decorrente da epidemia. Segundo ele, o bem-vindo microrganismo infeccioso serviu para arruinar a economia — e isso é muito bom, porque assim o Paulo Guedes se ferra e ele pode dizer que eficaz era o parasitismo estatal do PT.

Não se sabe se foi a natureza que criou "esse monstro chamado coronavírus". Mas com certeza foi ela que criou esse monstro chamado Lula — com a cumplicidade dos inocentes úteis que lhe dão voz. Esse monstro chamado Lula foi condenado a mais de 20 anos de prisão por destruir o Brasil e atirar o povo na maior recessão da sua história sem a ajuda de doença nenhuma. Ou seja, uma praga que nem a OMS ousaria tipificar.

Lula saiu do seu *lockdown* particular na Polícia Federal por uma manobra vil do STF — que numa canetada transferiu o *lockdown* para o resto do país, dando poderes discricionários a governadores e prefeitos aloprados de todo o território nacional. O STF soltou Lula e prendeu o Brasil.

Mas tudo tem o seu lado bom. Ao comemorar o surgimento do coronavírus, com uma desinibição que só ele tem, Lula deu voz a toda essa gente perfumada e agourenta cuja inconfessável torcida pela COVID-19 estava confinada no armário. O ex-presidente falou por muita gente. Lula é o libertador das cassandras. Imagine como devem ter se sentido aqueles que inflamaram as estatísticas virais ao ouvir "ainda bem que a natureza criou esse monstro". Identificação imediata e total.

Não sabe da inflamação nas estatísticas? Sabe sim. Só não está ligando o nome à pessoa. Um exemplo brando: enquanto Lula comemorava a COVID-19, os dados do registro civil começavam a apontar um declínio no número de óbitos pela epidemia no Brasil. Mas as manchetes anunciavam novos recordes diários de mortes — confundindo o número de óbitos registrados num determinado dia com a data das fatalidades. A notícia tinha que ser sempre de que a epidemia estava em plena escalada.

Qual seria o objetivo de alguém, cuja missão é informar, ao confundir deliberadamente número de óbitos registrados em 24 horas (referente a vários dias) com número de óbitos ocorridos em 24 horas? Será que esse pessoal achou que a população precisava de um pouco mais de angústia? Ou será que para eles tanto faz quem morreu ou deixou de morrer, porque na manchete não vai aparecer a cara de ninguém mesmo — e número é tudo igual?

E já que estamos atrapalhando a celebração de Lula e suas cassandras, aproveitemos para registrar a estranha epidemia de óbitos "em investigação". As estatísticas do coronavírus estiveram sempre repletas de "óbitos presumidos" — instituto favorecido em certos casos legalmente, como no decreto do governador de São Paulo, João Dória, permitindo atestar como possível COVID-19 óbitos sem causa definida.

Vale assinalar também que essas estatísticas — bem como de infectados e internados — estavam entre os critérios para distribuição das verbas de emergência, o que virou caso de polícia em vários estados: o escândalo do Covidão.

A forma mais eficaz de enfrentar uma epidemia é conhecer a progressão dela com a máxima exatidão possível. Mas de repente isso mudou: buscar rigor estatístico passou a ser sinônimo de querer minimizar o problema. Os que acusaram eram os mesmos que faziam licença poética com número de mortes. E que diziam que a única saída contra a morte era enfiar a população inteira em casa — para onde logo se transferiram, segundo a própria OMS, as maiores frentes de contágio.

A devassa nas estatísticas começou pela Itália — primeiro grande foco da epidemia — com a recontagem de óbitos suprimindo os "presumidos", os fraudados e aqueles onde o fator letal não foi a COVID. A busca da verdade é inexorável. Mas desde sempre uma dúvida não pode restar: os que disseram ser pecado permitir que as sociedades funcionassem responsavelmente (com distanciamentos, controles e isolamento de vulneráveis) foram os mesmos que disseram em silêncio o que Lula disse aos berros.

CAPÍTULO 4

Os heróis da democracia fascista

A ESCALADA FASCISTA É UM SUCESSO E ESTÁ EM CARTAZ num discurso febril perto de você. Mas você não sabia direito o que era fascismo e nós explicamos aqui: fascismo, na sua conotação moderna, é tudo aquilo que rasgue a minha fantasia progressista, desmascare o meu humanismo de butique e me impeça de ganhar a vida fingindo salvar o mundo de um inimigo imaginário — e eu aceito débito, crédito, dinheiro público e privado, mas prefiro público, que não é de ninguém.

Agora que você já entendeu o que é fascismo, vamos explicar o que é democracia. Existem várias formas de democracia — e a seguir apresentaremos algumas delas:

1. Democracia é roubar o Brasil e ir fazer palestra na USP para intelectuais de cabresto;
2. Democracia é usar o filho como laranja para receber 132 milhões de reais de empresa de telefonia (você não leu

132 mil, ok?) e investir no seu sítio que não é seu — para depois se deliciar lendo pesquisas arranjadas que dizem que você merece estar solto, porque afinal você é um bom ladrão;

3. Democracia é fingir fazer jornalismo e passar um ano inteiro escondendo indicadores de recuperação econômica — inclusive queda consistente da inflação — para depois transformar o preço da carne em tragédia nacional;

4. Democracia é se fantasiar de analista político para ficar panfletando a favor do populismo chavista, que, junto com o demagógico desbunde novaiorquino e o sectário trabalhismo inglês, é a salvação contra o obscurantismo xenófobo protofascista — que por sua vez só ganha eleição com manipulação de redes sociais;

5. Democracia é dizer que toda eleição vencida por candidato que atrapalha sua narrativa hipócrita foi fraudada em conluio com a Rússia e as tias do WhatsApp;

6. Democracia é produzir *fake news* em veículos tradicionais fingindo combater *fake news* em redes sociais;

7. Democracia é defender uma agenda liberal e jogar pedra em quem está implantando exatamente essa agenda no país, porque só serve se for feita por você, pelo seu partido ou pela sua ONG, de forma que você possa se beneficiar pessoalmente daquilo que você diz que é interesse público;

8. Democracia é tentar transformar o catastrofismo envernizado de uma adolescente em coisa séria — para investir nessa vida boa de ficar dizendo que Trump é belzebu e acusando todo mundo de tudo sem precisar propor nada, muito menos trabalhar por alguém;

9. Democracia é ver um governo trabalhando duro — com resultados consistentes — para libertar o povo do flagelo daqueles que sequestraram o Estado e a liberdade e ficar perguntando pelo AI-5;

10. Democracia é sabotar a construção do presente evocando a boçalidade do passado para viver eternamente como vendedor de futuro e herói de coisa alguma;

11. Democracia é atacar sistematicamente o grande contingente de pessoas comuns que se manifestam nas redes sociais em apoio às reformas governamentais acusando-as de serem robôs;

12. Democracia é fraudar a representação da classe dos advogados, se juntando aos que atropelaram a lei, para conspirar contra os que flagraram e puniram a delinquência dos seus parceiros de politicagem;

13. Democracia é ser porta-voz de empreiteiro ladrão espalhando suas lamúrias por aí para ver se cola;

14. Democracia é fazer militância dentro do tribunal de contas censurando e perseguindo de forma fútil os principais ministros do governo contra o qual você quer panfletar, porque os seus padrinhos foram parar na jaula.

Se após esse resumo ainda não estiver claro para você o que é fascismo e o que é democracia, não se desespere: sintonize agora um desses canais onde Gilmar Mendes era vilão e passou a herói no exato momento em que deu o golpe na prisão em segunda instância, declarando guerra à Lava Jato. Ali você vai entender tudo sobre democracia fascista — ou vice-versa.

Outro bom material de aprendizado sobre fascismo democrático (ou vice-versa) é a famosa CPI das *Fake News*. Trata-se de um movimento reacionário contra a liberdade de expressão, que nasceu para tentar sufocar a consciência democrática que brotou da internet e das redes sociais. Mas foi ornada e paramentada para fingir combater o Gabinete do Ódio, uma entidade imaginária criada por mentes decrépitas e frustradas interessadas em sobreviver de um fetiche chamado antibolsonarismo — algo mais estúpido e indigente do que um bolsonarismo, real ou fantasioso, jamais conseguiria ser.

Irmã gêmea de um inquérito obscuro criado pelo STF, a CPI das *Fake News* é só uma das pontas aparentes de um fenômeno de mendicância intelectual e moral. O que fazer se você é inseguro das suas virtudes? Simples: aponte o dedo para alguém. Acuse. Ou simplesmente formule um estigma voador e saia atirando nele com sua bateria antiaérea de plástico. Pou-pou-pou. Depois faz sinal de arminha para sua claque. Você é um antifa digital — designação moderna para o que antigamente se chamava alma penada.

Bolsonaro, Bolsonaros e bolsonarismos vão passar, mas a praga do antibolsonarismo masturbatório não tem cura. Todas essas almas penadas que encontraram uma razão de viver brandindo suas arminhas pou-pou-pou contra os seus próprios fetiches fascistoides ficarão penando para sempre — boiando na sua piscina seca de virtudes virtuais. Vocês são a apoteose do autoengano.

Governos são ruins — porque cumprem a missão de alcançar expectativas inalcançáveis. São os eternos derrotados pela utopia do bem comum. Mas pior do que os governos são os governados que os usam para explicar seus próprios fracassos. Que descobriram a magia idiota de culpar um ente superior por tudo aquilo que não conseguem ser. Nesse processo de neurose anestésica, quanto pior você conseguir dizer que o seu senhor é,

OS HERÓIS DA DEMOCRACIA FASCISTA

melhor você se sentirá — desde que não seja obrigado ao cruel ritual de se olhar no espelho.

Liberto desse perigo, o que vier é lucro — e quanto mais escroto for o seu senhor, mais belo será você. Pou-pou-pou!

A rigor, não interessa propriamente quem é o seu senhor. Interessa o quanto você pode caricaturá-lo. Como fazer se você está livre, absolutamente livre, mas é um escravo mental e precisa justificar a sua claudicante existência? Fácil: acuse o seu senhor de aprisioná-lo. Ninguém verá as amarras — que não existem — mas se você for eficiente na simulação de um senhor escravocrata poderá até conquistar a condição de vítima por dedução.

Seus pares, que estão na mesma miséria espiritual que você, chegarão a ter quase certeza de estar enxergando as amarras que te impedem de desenvolver a capacidade que você não tem. E vão sair por aí jurando — com o alívio caudaloso de todo covarde remediado — ter visto as amarras imaginárias que te impedem de se tornar o ser que você não é.

A vida de um idiota é a explicação suficiente que ele pode dar ao idiota mais próximo — dando graças aos céus pelo fato de que saciar a idiotice é como transbordar uma casca de noz. É *nóis*. Pou-pou-pou.

Duvida? Então veja um encontro como o acima enunciado:

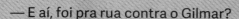

— E aí, foi pra rua contra o Gilmar?
— Claro que não.
— Por quê?
— Não sou gado.

— Quem disse que aquilo era gado?
— Você foi?
— Não.
— Então você também não quer ser gado.
— Nada a ver. Não acho que era manifestação de gado.
— Era manifestação de quê, então?
— De robô.
— Deixa de ser ignorante. Robô fica na internet. Gado é que se espreme nas muvucas por aí.
— Errado. Gado não tem inteligência pra perceber manobra de gênio como a do Gilmar pra soltar o Lula no grito. Só robô capta isso.
— Já viu robô suado? Já viu robô mancando? Tô falando que é gado.
— Engano seu. A robótica evoluiu muito, eles simulam tudo. Eu vi robô grisalho, robô em carrinho de bebê... Só não vi robô sangrando, porque é tipo procissão, não tem porrada, não tem pneu... Totalmente robotizado mesmo.
— Aí eu tenho que concordar. Não tem alma.
— Tédio absoluto. Nem entro mais em rede social. Ali é o berço da robotização.
— Conseguiram criar o gado robotizado.
— Não tinha pensado nisso. Tá aí, pode ser.
— Só uma dúvida: como você viu tanto detalhe assim se não apareceu quase nada na televisão e você não vê mais rede social? Tu foi ou não foi na manifestação?
— Claro que não fui! Tá me estranhando? Acha que eu vou entrar em rebanho?
— Rebanho? Não era robô?
— Ué, se é gado robotizado eu posso dizer que era rebanho de robô...

— Tem razão. São muitos conceitos, a gente até se perde.
— Conceito é tudo.
— É o que nos diferencia da boiada. Nós dominamos a conceituação dos estados do ser que denotam a escalada protofascista nas mentes obscurecidas pela tentação totalitária.
— Exato. Foi assim que o Alexandre Frota conquistou o Dória.
— Assim como?
— Postulando a conceituação implacável como arma letal dos civilizados contra os brutos.
— Foi assim?
— Foi. Lembra do Rodrigo Maia aos prantos com as palavras do Frota, sob o olhar comovido do Dória?
— Claro que lembro. Foi o flagrante mais eloquente da democracia brasileira depois da foto do Itamar com a Lilian Ramos sem calcinha no Sambódromo.
— Pois é. Ninguém acertou a legenda daquela foto. Falaram em heróis da dissidência fascista, primavera do Centrão, desbunde tucano... Mas o certo seria: "lágrimas da conceituação".
— Me emocionei agora.
— Aí você entende o choro do Maia.
— Total. Mas voltando à minha pergunta: como você soube dos detalhes da manifestação que não houve?
— Não é que não tenha havido. É que era tudo gado, robô e milícia, e isso não é gente, entendeu? Quantas vezes vou ter que te explicar?
— Entendi. Mas como é que você soube dos...
— Porra! Que insistência! Sei lá como eu soube! Já falei que não vejo mais rede social. Deve ter sido WhatsApp. Tenho uma tia miliciana que vive me mandando *fake news*.
— Ah, então foi por isso que não se viu quase nada no noticiário... Era *fake news*!

— Exatamente! Eu dando aqui mil voltas pra explicar e você resume em duas palavras... Obrigado!

— Imagina, parceria intelectual é assim. Achamos o conceito juntos.

— Representamos a razão contra o ódio. E desculpe a minha exasperação, é que não aguento mais tanta intolerância e mentira.

— Compreendo totalmente. É angustiante viver no meio de autômatos. Além de viver ameaçado por uma tia miliciana, você ainda deve estar tendo que aguentá-la comemorando a aprovação da prisão em segunda instância na CCJ da Câmara.

— Exatamente. A milícia robotizada forjou uma manifestação nacional e assim forçou os representantes do povo a agir contra a democracia.

— Escandaloso. Todo mundo sabe que democracia é o que o Gilmar disser que é.

— No fundo, o que eles querem é encarcerar os intelectuais que não têm preconceito contra os líderes populares que ficaram ricos roubando honestamente.

— A boiada robotizada detesta quem dá certo.

— Chega de ódio!

— Chega de mentira!

— Viva eu!

— Viva eu também!

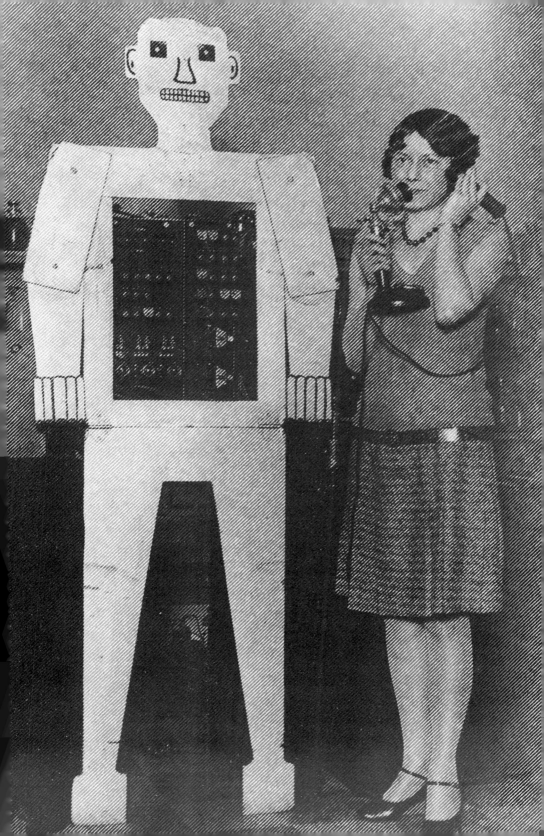

CAPÍTULO 5

A empatia da bordoada

DUAS MULHERES E SEUS FILHOS — UMA MENINA E UM menino de 14 anos — foram presos na orla do Rio de Janeiro. As crianças eram atletas juvenis de natação e haviam atravessado um trecho do mar de Copacabana, sem permanecer na faixa de areia. A polícia abordou o grupo e, mesmo sem qualquer resistência, os prendeu e enfiou-os num camburão.

O objetivo alegado pelas autoridades foi o de evitar o contágio por coronavírus. Eram duas crianças nadando no mar e, na mesma hora, diversos adultos circulando pela orla. Praia é areia, mar e calçada? Quantos metros para dentro e quantos para fora? O vírus gosta mais de nadar sozinho ou de caminhar em grupo? Ele respeita os que a polícia não aborda (especialmente jornalistas) e ataca os que a polícia escolhe? Ou os que o governador manda escolher?

Seja como for, nunca se viu nada parecido em tempos democráticos, ou supostamente democráticos. Cumprir uma medida sanitária com vários homens armados atirando sumariamente duas cidadãs pacíficas e suas crianças num camburão é um atentado estatal. É uma coação violenta. E é, se tolerado pelas instituições que guarnecem a democracia, a oficialização da brutalidade.

O escândalo de Copacabana — apenas um da série que se espalhou pelo território nacional de forma assustadora — saiu de graça para os agressores. Mais uma vez, não se viu reação alguma das diversas entidades humanitárias nacionais e internacionais, essas que vivem anunciando a volta da ditadura no Brasil para amanhã, mas que não veem o pau comendo hoje. Ou melhor: fingem que não veem, escondidas e voluntariamente amordaçadas em suas quarentenas vip. Que vexame.

A própria Organização Mundial da Saúde, matriz da recomendação de isolamento social, alertou que a medida não podia ser aplicada indiscriminadamente em todo o planeta. As duas variáveis para a relativização do *lockdown* eram claras: áreas que estivessem fora dos focos principais da pandemia e que tivessem populações socialmente vulneráveis (dependendo de circulação para o seu sustento imediato). O Brasil estava nos dois casos.

Mas os tiranetes locais, que diziam seguir a OMS e a ciência, não quiseram mais saber de nenhuma das duas. Queriam prender e arrebentar fingindo estar salvando vidas, tentando enganar o maior número possível de distraídos, amedrontados e otários para impor sua politicagem na marra.

Os governadores do Rio e de São Paulo, por exemplo, assumiram seus cargos em 1o de janeiro de 2019 já agindo ostensivamente em função do seu fetiche presidencial — e fizeram questão de não disfarçar. A COVID foi só mais um aliado. Trancar o país e barbarizar as pessoas, na lógica dessas mentes doentias, seria um passaporte dourado para o poder central. Simples assim. A simplicidade mental, aliás, é característica inata de todo androide. Jogar crianças em camburão fingindo combater epidemia não é problema nenhum para eles.

Mas deveria ser para o resto da sociedade, que aparentemente mergulhou num surto de catatonia — certamente mais amplo e perigoso que o do coronavírus. Governadores, prefeitos e autoridades locais em geral ameaçaram diariamente a população com a iminência do colapso hospitalar. Ninguém demonstrou a curva de progressão epidêmica que esgotaria no curto prazo os leitos de UTI. Proliferaram pedidos por mais hospitais de campanha ao lado de hospitais ociosos. Uma força-tarefa foi constituída para apurar desvios e superfaturamentos nas verbas emergenciais (sim, os vermes estão entre nós). E a população paralisada diante da TV.

A OMS morde e assopra. Fez as ressalvas ao *lockdown* total, ao mesmo tempo em que soltou alertas genéricos de que o pior da epidemia ainda poderia estar por vir — tipo de manchete valiosa para Dórias, Witzels, Caiados, Barbalhos e terroristas associados do pânico viral. Quanto mais tempo de tranca, melhor a ruína — e você achava que só existia ruína ruim.

Ao Brasil se colocou a escolha clara: ou se libertar do sequestro, ou acabar tendo que mendigar a subsistência aos seus algozes.

E esse é um daqueles casos em que demorar a decidir custa caro. Um dos preços indigestos foi ver Copacabana sendo convertida de Princesinha do Mar em Coliseu Carioca. As cenas de perseguição violenta a cidadãos no território da liberdade e da beleza estarão marcadas para sempre. Um rapaz andando na praia mundialmente famosa foi cercado por vários homens armados, imobilizado e atingido com uma arma de choque. E não era um assalto.

Eram agentes de segurança pública fingindo combater uma epidemia. Muito perto dali, na mesma hora, vários ônibus circulavam cheios, com janelas fechadas e presença de passageiros sem máscara, assim como o banhista atacado. O coronavírus achou a ação dos guardas cariocas perfeita. Em nota oficial, a assessoria da COVID-19 parabenizou os boçais do Crivella e do Witzel, que apesar de enrolado no covidão e com a polícia nos calcanhares ainda arranjou tempo para mandar bater no cidadão. São muito dinâmicos, esses homens públicos de hoje.

A nota da COVID-19 recomendava que os agentes de segurança brasileiros continuassem assim, atacando pessoas isoladas ao ar livre e especialmente sob o sol, já que nesse ambiente o coronavírus não tinha muito que fazer. O estado-maior da epidemia elogiou a vista grossa de governadores e prefeitos com as aglomerações em transportes públicos — agradecendo a parceria em prol do contágio livre e democrático.

Uns boçais fardados também fizeram história invadindo o quarto de uma bailarina, em Santa Catarina. Ela estava recebendo amigos em casa, o que justifica o arrombamento da sua porta em qualquer ditadura que se preze. Os humanistas de plantão estavam de férias e não viram nada disso. Todos aninhados direitinho em suas quarentenas vip, engajados no compartilhamento remoto de música, poesia e filosofia a 1,99 (a tecnologia barateou muito o ser humano) e sem nenhuma janelinha aberta para a paisagem incômoda dos ônibus lotados.

O que os olhos não veem, o coração não mente.

Os humanistas de *zoom* só têm olhos para dedurar banhista e boêmio. Gente ferrada se espremendo para ir trabalhar não incomoda. O que incomoda mesmo é a liberdade. Isso eles não toleram. Tome um gole de chope na calçada ou dê um mergulho no mar para ver o que é bom. Eles vão fotografar você — e expor o pecado mortal da sua cara limpa. Pelas novas regras de empatia, sorriso passou a ser permitido somente no pombal do *zoom*. Você já tinha notado que para eles empatia é empatar a vida alheia.

O Flamengo foi jogar no Maracanã e virou escândalo. Segundo a patrulha viral, com total apoio do estado-maior epidêmico, o time que leva alegria e colore a vida do maior número de pessoas no país estava colocando vidas em risco. O clube respondeu apresentando seu protocolo completo de segurança sanitária, com todos os atletas devidamente testados e evidenciando que aquele grupo era, na verdade, um modelo de conduta social na epidemia.

Mas a brigada corona nem ouviu. Ela não tem tempo para protocolo, só para slogan. E alegou que o jogo do Flamengo no Maracanã "desrespeitava" os pacientes do hospital de campanha no mesmo bairro. Ainda não entendeu a lógica? Explicamos para você: nunca mais será ético viver enquanto houver alguém podendo morrer.

Aí o campeonato de São Paulo começou e o escândalo não se repetiu. Mistério. Parecia até que a vacina chinesa já estava funcionando e o perigo tinha passado. Por que o Corinthians jogar com o Palmeiras não era pecado, se até a semana anterior o Flamengo era o vilão da falta de empatia? Será que o pecado do Flamengo foi ignorar os porta-vozes da COVID-19?

Infelizmente dessa vez o estado-maior epidêmico não soltou uma nota oficial esclarecendo tudo.

VOCÊ FEZ MUITO BEM DE FICAR TRANCADO EM CASA ESSE tempo todo. Você é consciente e não iria botar vidas em risco.

Vieram notícias de que as populações estão adoecendo na quarentena e você fez muito bem de ignorá-las. Se a maioria dos hospitalizados em Nova York, capital da pandemia, veio do confinamento, isso não é problema seu. Te mandaram ficar em casa, então você fica, até te mandarem sair. Você tem consciência social.

Seu vizinho disse que uma caminhada ao ar livre, guardando as distâncias recomendadas, seria saudável — e até aumentaria a imunidade. Mas você ficou firme onde te mandaram ficar, e acusou seu vizinho de irresponsável. Aí quando a polícia desceu o sarrafo na mulher dele e a jogou dentro de um camburão, porque ela estava caminhando no calçadão, você estufou o peito e teve a certeza de que estava com a razão.

E você deu um show de compreensão quando o convocamos para falar sobre isso. Não sobre ter razão. Sobre descer o sarrafo. De repente era importante que você saísse de casa. Sim, era um pouco confuso, mas você se esforçou para entender. Aquelas pessoas de preto que estavam pelas ruas descendo o sarrafo em quem viam pela frente, tacando fogo e quebrando tudo com paus e pedras, estavam lutando contra o fascismo. Elas precisavam do seu apoio — e você, que já demonstrara o quanto é consciente, não ia ficar acovardado no seu canto.

Contamos com você. E você não nos decepcionou. Não se preocupe, a patrulha intelectual não vai te incomodar. Nos Estados Unidos, aqueles astros de Hollywood que mandavam todo mundo ficar em casa ("estamos de olho", eles diziam), de repente começaram a chamar todos para a rua. E quem não atendesse poderia até ser considerado complacente com a violência racista.

É bem verdade que os antifascistas e a multidão que os acompanhou não pouparam negros e pobres da sua sanha destrutiva. O irmão de George Floyd pediu paz em respeito à sua memória, mas isso era um detalhe na luta por uma causa maior.

A EMPATIA DA BORDOADA

Que causa? — você quis saber. E nós te advertimos para não vir com pergunta difícil numa hora daquelas. Te mandamos calar a boca e se jogar na multidão. Sem esquecer de botar a máscara.

Aí você quis saber se máscara era suficiente para evitar o contágio numa aglomeração. Que pergunta idiota... Quem falou de contágio? Máscara é uniforme de antifascista. No meio da pandemia pegava até bem, é verdade. Mas não misturamos os assuntos. Primeiro saímos em bando quebrando tudo para salvar o mundo do fascismo, depois voltamos a pregar o isolamento social. Uma ética de cada vez, senão confunde.

Era normal que você ficasse preocupado com o prolongamento da pandemia. Mas te dissemos para ficar tranquilo: você ainda teria muito tempo para se apavorar. O pico ainda nem tinha chegado. Explicamos que ele ficava logo depois do arco-íris, então ainda tinha chão até lá. Enquanto isso, te alertamos para ficar atento nas suas andanças com os antifascistas e não destruir tudo sem critério. Te instruímos a verificar as lojas que já tinham sido quebradas pelo *lockdown*, para que você não gastasse pedra e gasolina à toa.

Fomos claros com você: se as coisas corressem bem e não houvesse acidente de percurso, em um ano estaria tudo quebrado. Mas isso não significava que você deveria sair de casa. Te dissemos para aguardar instruções. Até porque você já tinha se acostumado mesmo com aquela vida de merda, que era uma vida linda quando você pensa na contribuição que estava dando para um bem maior. E a compreensão de que a sua decadência vale a pena será recompensada: a esmola estatal há de chegar aos que souberem esperar.

Ok, você queria acordar desse sonho macabro. Mas ainda não era agora. Primeiro você ia ter que sonhar que viu João Dória anunciando com um laboratório chinês a vacina para o coronavírus.

Isso um dia depois de ser convidado a explicar por que comprou câmaras frigoríficas para cadáveres que não poderiam ser guardados nelas. Pesadelo é pesadelo. A vacina chinesa do governador de São Paulo tinha a participação do Instituto Butantã — que seguiu a linha do Imperial College de Londres e soltou projeções arbitrárias sobre a epidemia. Tudo para que o governador pudesse dizer, na ponta de um lápis imaginário, quantas vidas estava salvando com a quarentena totalitária. Nem a OMS, nem cientista nenhum no mundo tinha essa fórmula. Mas sonho ruim é assim mesmo, só serve para empapar o lençol de suor.

E não adiantava virar para o outro lado, porque viria um especialista crispado, enchendo a tela da TV, te dizer que havia novos casos de coronavírus no Brasil, porque o *lockdown* precisava ser mais asfixiante. Você iria gritar — e ninguém ia ouvir, como em todo pesadelo — que aquele especialista era um irresponsável. Que ele estava afirmando algo que a ciência desconhecia. Que a comparação entre o Reino Unido e a Suécia jogava aquela certeza no lixo. Que os tarados da quarentena burra expurgaram de suas equações delirantes o fator de contágio doméstico, atestado pela própria OMS.

Tudo em vão. Por mais que você berrasse, a sua voz não saía. Ninguém te ouvia. E voltava o apresentador funesto à tela da TV para dizer que a culpa era do velhinho que foi à padaria. Aí você gritava que aquilo era uma leviandade, que em Nova York o grupo dos que circularam apresentou muito menos infecção que o grupo dos confinados. Você se esgoelava para dizer que, depois de deflagrada a pandemia, a ideia de que a humanidade ia ficar trancada em casa deixando o vírus do lado de fora era uma miragem. Uma miragem terrível.

Mas, e daí? Você queria um pesadelo com miragem bucólica?

Entre flashes difusos de Bruno Covas soldando as portas do comércio e recitando planilhas de urnas funerárias e sacos para cadáveres, surgiu um personagem que você não conhecia. Tomamos a liberdade de entrar no seu sonho para apresentá-lo: era Berbel, o Feiticeiro Multimídia, que estava vendo o filme completo passando na sua cabeça e vinha te ajudar a entendê-lo. Essas foram as palavras de Berbel:

"Bastou um único comando — fique em casa — para o mundo inteiro parar ao mesmo tempo. E disseram que o vírus veio ajudar o ser humano a dar mais valor a si mesmo e ao semelhante que está ao seu lado. Mensagens lindas começaram a circular na internet sobre a oportunidade valiosa de aprender a viver com menos, de não precisar sair para trabalhar. Caberia aos governos finalmente exercer a bondade e prover o pão para os que não têm."

Berbel, o Feiticeiro Multimídia, disse mais:

"No confinamento proliferaram lições sobre os males do capitalismo e o despertar para uma nova realidade onde não pensaremos mais em dinheiro, só em vidas. Chega de mercado — cada um produz seu próprio sustento. A Terra estava mesmo precisando respirar, e agora os mares e rios estão limpos pela quarentena. Tudo natural, a não ser o chip que vão colocar em você para te vacinar. E através desse chip, uma autoridade mundial, tipo uma OMS turbinada, vai te monitorar para cuidar de você. Final feliz."

Não entendeu o recado do Feiticeiro Berbel? Sem problemas, traduzimos para você. Ele te disse o seguinte: se o seu sonho não é se tornar um silvícola chipado... Acorde! Antes que seja tarde.

CAPÍTULO 6

Cala a boca já morreu (mas ressuscitou)

O PRESIDENTE DO SUPREMO TRIBUNAL FEDERAL, DIAS Toffoli, afirmou que o STF é o editor do Brasil. A declaração provocou uma imediata e redentora sensação de alívio em toda a nação. O povo andava preocupado com essa lacuna: "Quem é o nosso editor, afinal de contas?", perguntava-se todo brasileiro, diariamente, ao acordar para mais um dia de trabalho.

Mas essa angústia acabou. Graças a Dias Toffoli, essa sensação de orfandade, esse complexo de abandono que Sigmund Freud definiu em sua obra fundadora da psicanálise como "carência editorial", está superado. Você não precisa mais ter medo de falar o que não deve ou de incomodar os outros com o que você disser. Se sair da linha, o STF corta. Graças a Dias.

Finalmente você pôde passar a agir com confiança, liberto daquilo que Freud chamava de "insegurança jurídica". O STF é uma instituição que funciona — e jamais prometeria editar a nação da boca para fora.

Por exemplo: um belo dia, o editor Alexandre de Moraes captou, no vasto universo do Twitter e do Facebook, algumas publicações que contrariavam a linha editorial da cabeça dele — por sinal brilhante — e mandou cortar. Precisa ser um editor meticuloso para detectar erros cometidos por 16 pessoas num universo de milhões de editados. Mas ele está lá para isso. E numa demonstração de extremo zelo, para evitar que erros como aqueles se repetissem, em vez de mandar as plataformas suprimirem os textos, determinou que suprimissem logo as pessoas. Precaução é tudo no ofício de um editor.

Claro que a edição do Brasil feita pelo STF segue critérios rigorosos. No caso, o manual de redação do Supremo Tribunal da Verdade foi seguido à risca, com a observância estrita do item que trata das ameaças de subversão da ordem. Está lá, redigido em português claro para quem quiser confirmar: "Subversão da ordem é tudo aquilo que for manifestado, na forma e no conteúdo, em conformidade com algo que pareça ao Alexandre de Moraes, ao Dias Toffoli ou a qualquer dos supremos editores da nação um ato subversivo à ordem".

Alguma dúvida? Não, né? Subversão é subversão, ordem é ordem.

Assim ninguém mais no Brasil corre o risco de num descuido, num lapso, num rompante se transformar sem querer em ameaça subversiva. Fiquem tranquilos: os editores do STF estão de olho e com a tesoura afiada. Eles cortam — e se preciso prendem — para salvar os brasileiros de si mesmos. Basta de subversão. O preço da liberdade é a eterna mordaça. Mordaça no bom sentido.

A beleza da democracia foi ver os históricos defensores da liberdade de expressão homenageando os supremos editores da nação com seu silêncio exuberante. Silêncio é bom porque nem precisa editar. Já vem pronto para publicação. E nunca dá problema com a chefia. Mirem-se no exemplo da moderna resistência democrática: você jamais — repetindo: jamais — vai ter problema de banimento ou exclusão se ficar de boca fechada.

Para que arriscar? Mantenha sua cabeça em *lockdown* e ninguém vai te incomodar.

Vários intelectuais corajosos se posicionaram em apoio aos supremos editores da nação. Eles acharam os critérios excelentes e argumentaram que essa edição rigorosa vai limpar o debate nacional. A ideia de limpeza por meio da anulação segue um preceito altamente libertário que só não dominou o mundo após a Segunda Guerra Mundial porque Adolfo ficou pelo caminho. O erro de Adolfo foi ser óbvio. Com dissimulação se chega mais longe.

A censura do bem dispensa a volúpia do censor. A alma do negócio é o vassalo.

Veja como a vassalagem já estava pronta para virar montaria do STF: quando o Facebook baniu dezenas de contas no Brasil alegando estar combatendo a onda de ódio, ninguém na resistência democrática que vive anunciando a volta da ditadura deu um pio. Tesourada aprovada.

Como todos sabem, o que as páginas banidas tinham em comum era o fato de serem simpatizantes de Bolsonaro, ou de defenderem as pautas do presidente. E também é certo que a maioria não recebeu aviso ou justificativa alguma sobre que tipo de postagem motivou o cancelamento.

A plataforma é privada e administra seu negócio como achar melhor. Nesse caso, ela aparentemente achou melhor apresentar um critério falso. Talvez fosse melhor — e mais honesto — assumir que o critério era de foro íntimo e ninguém tinha nada com isso. Botar a culpa no ódio não colou.

Se o critério fosse esse, o Facebook teria de banir uma infinidade de páginas que já apresentaram postagens acusando o presidente de nazista e desejando sua morte. Teria de encerrar todas as contas que instigaram quebradeira de antifas, *black blocs* e congêneres, assim como todas as expressões de apoio a ações violentas com pretexto de defender sem-terra, sem-teto e outras supostas causas humanitárias. Teria de cancelar tudo quanto é perfil que faz proselitismo progressista apoiando ditadura venezuelana, perseguição a cidadãos na pandemia etc.

Basta um rápido passeio pelo Facebook para constatar, a partir dos exemplos acima, que o problema da plataforma não é com o ódio. Qual é o problema, então?

Nenhum. Não é problema. É cálculo. E o cálculo é o seguinte: investir nessa bolha burguesa que quer comprar verniz de consciência política a 1,99. O progressista de butique é um público colossal. O mercado das embalagens humanitárias é hoje multibilionário. Isso não tem nada a ver com ideologia, não há filosofia ou doutrina alguma por trás dessa afetação de consciência. O negócio é poder e grana, fim de papo.

O problema será quando uma parte considerável do público começar a notar que combate ao ódio baseado em censura é como gato escondido com o rabo de fora. No Brasil, essa ação do Facebook se deu de mãos dadas com uma CPI desmoralizada e um inquérito vergonhoso do STF, ambos calçados no mesmo pretexto de combater *fake news*. Criaram a tal tese do gabinete do ódio para empreender uma caçada mal disfarçada à liberdade de expressão e à democratização da opinião — carimbando como mentira e violência tudo que não passar nesse filtro totalitário do politicamente correto.

Ninguém tinha bola de cristal para dizer se governos como de Trump e Bolsonaro terminariam bem ou mal. Mas quem não se divorciou da realidade para vender lendas sabia que nem Estados Unidos, nem Brasil vinham sendo conduzidos por políticas públicas contrárias à liberdade. Qualquer indicador de funcionamento institucional e direito à livre expressão constatava o respeito à democracia em ambas as nações. O que viria pela frente, não se sabia. O que sempre se soube é que reforma da Previdência não é ataque direitista e salva o país do colapso. Também se sabe que a lenda "progressista" encarnada pelo PT encobriu o maior assalto já sofrido pelo povo brasileiro.

Repetindo aos que ainda não entenderam: não existe ideologia alguma em disputa. O assunto é poder e grana. O tempo dirá se a estratégia do Facebook ampliará ou encolherá a empresa nesses dois aspectos. Quanto mais cinismo, melhor. Só não venham falar em bandeiras políticas. Ninguém aí tem um fio de cabelo branco por causa disso.

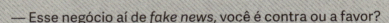

— Esse negócio aí de *fake news*, você é contra ou a favor?
— Contra, claro.
— Por quê?
— Ué, porque sou contra a mentira. Qual seria a dúvida?
— Não, nenhuma. É que não é bem isso.
— Não é bem isso o quê?
— Esse negócio de mentira.
— Como assim? Mentir agora é relativo?
— Depende.
— Depende de quê?! Você enlouqueceu?
— Depende da *fake news*. Vou te explicar.

— Por favor.
— Por exemplo: a eleição presidencial foi decidida por uma fraude de WhatsApp?
— Claro que não.
— E você leu notícias dizendo que a eleição foi maculada por disparos de WhatsApp?
— Li.
— E você viu algum desses checadores de fatos decretando que isso aí era *fake news*?
— Não.
— Então não era.
— Não era o quê?
— *Fake news*. Se os checadores não disseram que era *fake news*, não era *fake news*.
— Aonde você quer chegar?
— Já cheguei. Estou te provando que nem sempre mentira é *fake news*.
— Então o que é *fake news*?
— Está preparado para ouvir a verdade?
— Sempre.
— Então lá vai: *fake news* é o que a gente quiser que seja.
— A gente, quem?
— A gente que denuncia *fake news*.
— Tá meio confuso isso. Dá um exemplo.
— Sabe o Supremo Tribunal Federal?
— E como sei.
— Pois é. Eles censuram Twitter e Facebook, botam a polícia pra pegar jornalista, invadir casa de deputado, enfim, tocam o terror dizendo que estão combatendo *fake news*, né?
— Impressionante, não tinha me dado conta. E quais são as *fake news* que eles estão denunciando?

— Bobo.
— Que isso? Olha o respeito!
— Desculpa. Eu quis dizer distraído.
— Tá certo. Ando meio distraído mesmo. Essa quarentena tá...
— Olha o foco. Estamos falando de *fake news*.
— Isso, obrigado. A denúncia do STF. Continue.
— Já terminei. O STF prende e arrebenta dizendo que é alvo de *fake news*. E ainda fala que tá defendendo a democracia. Aí não precisa explicar nada, é só sair amordaçando.
— Desculpe a minha distração... Ninguém reclama disso? Ninguém diz que é contra a lei?
— Só o povão da internet. Mas você não tá tão distraído assim: esse é um bom ponto e já está sendo resolvido.
— Como?
— Com uma nova lei. Pra ninguém mais poder dizer que é contra a lei.
— Interessante. E o que vai dizer essa lei?
— Basicamente isso que eu já te disse.
— O quê?
— Que *fake news* é o que a gente quiser que seja.
— Isso vai virar lei, é?
— A aprovação no Senado foi uma coisa linda. Até os tucanos apoiaram.
— O pessoal do FHC apoiou a mordaça?
— Se você usar essa palavra mais uma vez, eu te acuso de *fake news* e mando o STF invadir a sua casa.
— Calma, desculpe. Foi só uma brincadeira. Entendi perfeitamente que criar um juizado da verdade suprema não é amordaçar ninguém. É só convidar as pessoas a pararem de se meter a besta e só falarem o que é certo, não é isso?

— Exatamente! Quem não falar coisa errada não vai ter problema.
— Perfeito. Só não entende quem não quer. Até eu que ando meio distraído entendi. Posso te fazer só mais duas perguntas?
— Se for pergunta certa, sim. Se for pergunta errada, não.
— Já tá no clima da nova lei, né?
— Tem que exercitar.
— Sem dúvida. Então aqui vai a primeira pergunta certa: a gente vai poder contar com a Justiça pra cumprir essa lei tão importante para a democracia brasileira?
— Gostei do "a gente". Seja bem-vindo ao clube da verdade soberana. Sim, contamos com a Justiça para prestar esse serviço ao clube... digo, ao povo. Os juízes podem ter a certeza de que se cumprirem a lei proibindo o eleitor de dizer coisa errada, só vai ser eleito político certo. Isto é, os que protegem juiz que os protege. É dando que se recebe.
— Sensacional.
— E a outra pergunta?
— Essa é mais simples. Você vai ter influência na escolha dos checadores da verdade?
— Sim.
— É que eu tenho um sobrinho muito bom...
— O que ele faz?
— Nesse momento tá em casa.
— *Home office*?
— Não. *Home home*, mesmo. Mas de vez em quando ele sai. De máscara.
— Pra evitar o contágio, faz muito bem.
— Não. Pra jogar pedra em vidraça. Ele luta contra o fascismo por um mundo melhor.

— Bom perfil. Com certeza o seu sobrinho saberá o que é *fake news*.

— Que bom! É isso mesmo, ele vive na internet mandando as pessoas calarem a boca.

— Então pode dizer a ele que vai continuar fazendo isso, só que com um ótimo salário.

— Oba! Muito obrigado! E viva as *fake news*! Quer dizer... morte às *fake news*! Desculpe...

— Relaxa. Dá no mesmo.

ESSA CONFUSÃO ENTRE NOTÍCIA FALSA E NOTÍCIA VERdadeira passou a criar alguns incidentes. Depois que o STF resolveu soltar Lula, o maior ladrão do país, condenado a mais de 20 anos de prisão por corrupção, aí é que não deu mais para entender nada mesmo. E logo em seguida, no dia 15 de novembro, o Brasil levou um susto.

Em meio à celebração da data histórica, veio a bomba: a Proclamação da República estava revogada. Foi um Deus nos acuda. Boataria, confusão, informações desencontradas e a crise de identidade já pairando sobre o povo brasileiro quando veio a confirmação oficial: o Supremo Tribunal Federal anulou o ato que inaugurou o regime republicano no país.

Crise. O dólar só não foi à lua por ser feriado — mas bem que o STF tentou decretar dia útil para dar mais uma apimentada no mercado de câmbio, o que só não foi possível porque o ministro Marco Aurélio Mello já tinha feito o *check-in* e declarou que não ia correr o risco de passar o 15 de novembro no Brasil nem a pau. "Só fico aqui para azucrinar", sustentou sua excelência. "Para relaxar existe lugar melhor."

Teve a concordância imediata do presidente da corte, Dias Toffoli, encerrando a questão: "Você tem razão". Marco Aurélio voou enfurecido no pescoço de Toffoli, aos gritos de "você" é a p... q... p... Muito hábil, Toffoli acalmou o colega em 30 segundos com uma resposta brilhante: "Minhas profundas, condoídas e perpétuas escusas, excelência, fulgurante excelência. Jamais voltarei a me dirigir à sua magnífica, soberana e inalcançável pessoa por meio de tratamentos incompatíveis com a exuberante divindade da sua aura".

"Aura sacerdotal", corrigiu Marco Aurélio, já mais calmo. "Exato, foi o que eu quis dizer", encerrou Toffoli.

Na saída do plenário, a imprensa estava alvoroçada com a decisão surpreendente do STF que revogava a Proclamação da República. Os jornalistas cercaram o ministro Gilmar Mendes para ouvir a explicação sobre os motivos da medida revolucionária. Ex-vilão favorito da mídia nacional, Gilmar tinha se tornado o queridinho dela após dar o voto que soltou Lula (as mágicas da vida) e estava até sorrindo pela primeira vez em várias décadas de existência.

Com o carisma e o alto astral sintonizados ao momento épico, Gilmar Mendes esbanjou clareza e eloquência na fundamentação da decisão histórica do Supremo.

Ele explicou que o ato de 1889 foi anulado por um motivo simples: na ocasião, os advogados de Lula e de José Dirceu não tiveram respeitado seu amplo direito de defesa do regime que pretendiam implantar em lugar da República — a Cleptocracia — o que, no entender do STF, tornava ilegítima a Proclamação pelo princípio da presunção de mortadela (já que ninguém vai gastar presunção de presunto com massa de manobra, muito menos a presunção de lagosta do Supremo).

CALA A BOCA JÁ MORREU (MAS RESSUSCITOU)

Salvo algumas exceções fascistas, a euforia da imprensa com a declaração do companheiro Gilmar foi indisfarçável. Quiseram saber quanto tempo, a partir da decisão histórica do STF, seria necessário para a tão sonhada implantação da Cleptocracia no Brasil.

A resposta foi um banho de esperança: na verdade, o regime dos cleptocratas (baseado no assalto institucionalizado ao contribuinte para o bem comum da quadrilha) já estava testado e aprovado pela suprema corte. Só faltava remover do caminho um fator de constrangimento para os ladrões honestos — a Operação Lava Jato, responsável pela interrupção da vigência cleptocrática. Um detalhe.

Mas que ninguém se preocupasse com esse incidente, porque o STF já estava em contato com os melhores *hackers* do país para julgar a suspeição do juiz Sergio Moro com base numa cadeia impecável de intrigas montadas a partir de material roubado absolutamente transparente e confiável. Os fascistas não contavam com a tecnologia de primeiro mundo da quadrilha do bem para defender a democracia trans.

Imediatamente começaram a aparecer as pesquisas indicando que, se as eleições fossem hoje, Lula seria eleito Imperador da Cleptocracia em primeira instância, sem chance de *habeas corpus*. Impaciente, um estrategista de mídia objetou: "Vamos parar com esse papo de 'se as eleições fossem hoje'. Vamos dizer que as eleições são hoje!".

A ideia foi prontamente levada ao STF, que aceitou legalizá-la no grito desde que tudo fosse feito com a máxima segurança pelo Método Evo Morales de escrutínio assistido. "Todo cuidado é pouco", explicou Lewandowski.

Para criar um clima positivo visando a recleptocratização do país, a elite intelectual importou uns antifas da Califórnia e a música popular reproduziu a sonoridade dos fuzileiros do Maduro — tudo em paz e harmonia para que a destruição do Brasil não afrontasse, em nenhuma hipótese, os direitos humanos do povo massacrado. A ONU aprovou — e soltou um comunicado internacional com a foto de Dilma Rousseff fazendo um coraçãozinho com as mãos.

Foi difícil, mas finalmente o bem triunfou. Hoje se agiganta no Eixo Monumental a estátua imponente do herói Gilmar Mendes — visível de qualquer fila do papel higiênico que você esteja.

CAPÍTULO 7

A arte de dedurar

VOCÊ JÁ ENTENDEU QUE NÃO SERÁ NINGUÉM NA VIDA se não dedurar ninguém, certo? Pois é, não adianta lutar contra as características do seu tempo. Também não é tão difícil assim. Você vai acabar se acostumando, talvez até gostando. Liberte o covarde que existe em você. Faça como os éticos digitais: seja um x-9 empoleirado no *zoom*, apontando o dedo da sua janelinha compartilhada para os ignorantes do mundo lá fora.

Para facilitar a sua boa conversão ao maravilhoso mundo da caguetagem educada, moderninha e cheirosa, deixamos aqui, inteiramente grátis, dez sugestões infalíveis para você começar a dedurar os outros e finalmente conseguir ser alguém na vida:

1. Tire uma foto de pessoas na calçada de um bar no Leblon e diga que a humanidade não tem jeito. Se te perguntarem sobre os bailes funk que rolaram direto nas periferias, diga que isso não é problema seu;

2. Fotografe uma pessoa saindo de um mergulho no mar e denuncie aquele rosto sem máscara. Se te perguntarem como você faria no lugar dessa pessoa, diga que você

jamais estaria no lugar dela — porque você está no poleiro do *zoom*, e quem tem *zoom* não precisa de mar. Atualmente você só vai à praia para delatar — que é muito mais saudável do que nadar;

3. Na volta para sua quarentena vip, fotografe alguém dando um gole de chope e denuncie mais um irresponsável sem máscara. Se te perguntarem como se faz para beber ou comer de máscara, explique que você não tem tempo para falar de gastronomia porque está salvando vidas;

4. Faça um post meio emocionado, meio furioso sobre o time do Flamengo que jogou no Maracanã, perto de um hospital de campanha. Se te perguntarem o que uma coisa tem a ver com a outra, diga que viver enquanto outras pessoas podem morrer é falta de empatia;

5. Acuse de negacionistas e nazistas os que filmaram hospitais de campanha milionários sem nada dentro. Se eles estavam lá é porque descumpriram o fique em casa. E todo mundo sabe que roubar é humano;

6. Fotografe alguém sozinho num automóvel sem máscara e mande para o João Dória multar. Seja um x-9 atento, não se esqueça de fotografar a placa. Em seguida, mande a informação para o Instituto Butantã, para que eles possam atualizar suas projeções de óbitos;

7. Fotografe um pequeno comerciante entrando em sua loja para limpar as teias de aranha e mande para o Bruno Covas soldar;

8. Enquanto seus vizinhos de poleiro do *zoom* falam aquelas inutilidades lindas, dê uma vasculhada nas redes sociais e marque postagens sobre as consequências graves do *lockdown*. Alerte os checadores da verdade

suprema sobre essas *fake news* fascistas. Depois avise às redes de boicote para irem para cima dos contratantes e deixarem esses hereges a pão e água. Se nesse meio tempo te chamarem no poleiro do *zoom*, diga que você está ocupado salvando vidas;

9. Como um bom salva-vidas de *zoom*, proponha uma *live* (*live* é vida) com algum cantor decadente de MPB entediado em um de seus vastos salões dizendo que da porta pra fora do clube é tudo genocida. Empatia é empatar a vida alheia;

10. Só converse com quem fala em segunda onda, mutação e isolamento para sempre. A ética do dedo-duro depende disso. Se aparecer alguém falando que o *lockdown* mata de fome 12 mil pessoas por dia, cancele.

Seguindo com rigor a cartilha do salva-vidas de zoom, o genocídio digital de Gilmar Mendes fez o maior sucesso. A pandemia inaugurou esse fenômeno típico: no que aparece na sua frente uma tela dividida com aquele monte de janelinhas, cada uma delas ocupada por uma cabecinha educada, ética, empática, simpática, solidária, civilizada, perfumada (não dá pra sentir o cheiro, mas tá quase), consciente, antifascista, quarentenada e culta, com cara de quem está no lugar certo, protegido pela ciência e pronto para repreender os ignorantes do mundo lá fora — enfim, quando você está diante de uma cena como essa, você já sabe que vem merda.

E não deu outra. Gilmar Mendes, que era a criatura mais detestada do Brasil e virou queridinho da grande imprensa — a militância contra o fascismo imaginário faz milagres —, deu um show. Mostrando que para os Valentes da Live verdade se faz em casa, Gilmar saiu inventando com grande fluência e desassombro. Os Valentes da Live não têm medo de nada.

O ex-vilão sabia que a quarentena burra campeã de contágio e responsável por 12 mil mortes diárias de fome no mundo era, no Brasil, obra do STF. Gilmar sabia que foi a suprema corte (ou seja, ele e seus colegas) quem deu a caneta mágica para governadores e prefeitos brincarem de fascismo (real) prendendo e arrebentando o cidadão — e recitando o famoso "fica em casa enquanto a gente rouba você".

Todo ladrão que ficou rico com o Covidão é grato aos supremos juízes que inventaram a pandemia estadual — e assim deram poderes mágicos aos tiranetes para montar as estatísticas que lhes rendessem mais hospitais de campanha fantasmas e respiradores superfaturados. Qualquer desses picaretas que ficaram milionários em dois meses fingindo salvar vidas, barbarizando os cidadãos sob o silêncio dos humanistas de *zoom*, diria sem pestanejar: meu time é Gilmar e mais dez.

O craque do time não decepcionou. O mínimo que um picareta espera do seu ídolo é que ele minta com desenvoltura — e assim foi feito. Gilmar Mendes trocou tudo sem a menor inibição e disse que o descalabro patrocinado por togados, tiranetes e sanguessugas foi obra do governo federal e da militarização. Um genocídio. Enfim, um Valente da Live sabe quais são as palavrinhas mágicas que lhe darão as manchetes certas e os holofotes mais luminosos.

Não deixa de ser comovente assistir a um personagem execrado pela opinião pública como Gilmar Mendes se lambuzando no mel da mídia que o tratava como ser abjeto. Curiosamente, Gilmar havia feito um contraponto importante dentro do STF às tentativas da corte de sabotar o *impeachment* de Dilma Rousseff. E também ajudou a expor as manobras conspiratórias em 2017 baseadas na delação forjada de Joesley Batista. Mas a Disneylândia da cruzada contra o fascismo imaginário transforma qualquer proscrito em herói e isso foi irresistível para ele. Chegou a hora do banho de loja.

Nessa mesma *live* estavam o médico Dráuzio Varella, que disse no início da epidemia ser possível circular com responsabilidade, e o ex-ministro Henrique Mandetta, que pregou o *lockdown* horizontal, o isolamento total e se despediu do cargo se abraçando ao vivo e sem máscara com seus auxiliares. Num alegre jogral com o genocídio digital de Gilmar, Mandetta disse que o ministro interino da Saúde, um militar especializado em logística, deveria na verdade ser especializado "em balística", considerando-se a quantidade de mortos pela COVID-19. Veja toda a empatia do ex-ministro da Saúde para com as vítimas fatais de uma epidemia e entenda a ética circense dos Valentes da Live.

Qual o mundo ideal para um Gilmar Mendes repaginado e toda a freguesia dessa fabulosa butique humanitária? É um mundo onde as pessoas permaneçam trancafiadas de pavor ou egoísmo (tanto faz) e não seja preciso nunca mais cruzar com alguém na rua, que aí complica. Eles vão lutar com todas as forças para que o novo paradigma de liberdade seja o pombal do *zoom*.

* * *

VOCÊ ESTAVA EM CASA ASSISTINDO AO GOVERNADOR DE São Paulo na dúvida entre demonizar a cloroquina e reivindicar a paternidade dela; o ministro da Saúde usar os holofotes para explicar que traficante também é gente; jornais estrangeiros publicarem foto de covas abertas para dizer que o Brasil não tinha mais onde enterrar os seus mortos, entre outras referências intrigantes e estridentes ao mesmo assunto. Se você estava paralisado e catatônico, é porque já sabia que se tratava de um show mórbido. Mas ficou esperando que alguém te dissesse isso.

Onde estavam os mapas demonstrando os resultados diretos do isolamento total na contenção da epidemia ou na suavização dos picos? Aqui vai uma notícia real no intervalo da novela: eles nunca existiram. Repetindo: os mapas comprovando o efeito mitigador do confinamento geral sobre o número de infectados, de internados e de mortos não existem. Nova York se trancou em casa e a curva da epidemia seguiu quase como uma reta para cima — dias, semanas, e o gráfico inabalável, mais para subida de foguete que de avião. O que se passou?

Em vez de mapas ou modelos comprováveis, o que você vai ouvir é que sem quarentena seria pior. E fim de papo. Os filósofos do *lockdown* são invencíveis. E falam pouco. É melhor não insistir, porque senão eles gritam com você, seu irresponsável, alienado, assassino.

Aí vinha a própria OMS declarar que a nova frente de contágio estava se dando dentro de casa — e que as autoridades de saúde tinham a tarefa de identificar os infectados no interior dos seus lares. Assim eles poderiam ser isolados dos seus familiares e finalmente oferecer ao mundo a tão esperada suavização do surto. Notou como sempre esteve tudo absolutamente sob controle? Eles só não demonstraram suas premissas e estratégias de forma científica porque não queriam cansar a sua beleza. Eles têm certeza de que você prefere ouvir um bom discurso e ir dormir tranquilo sabendo que está tudo bem.

Mas tem sempre uma meia dúzia de chatos que não gostam de discurso e notaram que os efeitos do confinamento total sobre a evolução da epidemia não estavam sendo demonstrados numericamente — ou seja, permaneciam como uma hipótese. Fica em casa porque tem um vírus lá fora, e ponto final. Talvez pensando nisso, o governo de São Paulo resolveu inovar e ofereceu à população um modelo matemático pioneiro, montando no fundo do quintal de algum boteco fechado. João Dória disse que se a quarentena não atingisse 75% da população — observe a precisão — em 15 dias a rede hospitalar não teria mais leitos para atender os infectados. Ou seja: iminência de colapso.

Um dia depois, o alerta reapareceu com o dado de 70% — sempre "segundo especialistas". Deve ser um modelo móvel. E, com certeza, revolucionário, porque nem a OMS, nem cientista nenhum no mundo montou uma fórmula partindo do percentual de confinamento (São Paulo deve ter importado um medidor da China) e estabelecendo sua correlação com a progressão exata da epidemia, o número de vulneráveis infectados e a consequente expansão da demanda por leitos — num cronograma tão preciso que podia ser aferido semanalmente. Vem prêmio Nobel aí.

Junto ao modelo matemático inovador, o governador de São Paulo fez o que vários outros governadores e prefeitos do país fizeram: ameaçou prender o cidadão na rua. E essa ética da boçalidade foi posta em prática em vários pontos do território nacional, com cenas edificantes e civilizatórias de policiais capturando passantes, inclusive mulheres, várias delas tratadas de forma animalesca à luz do dia — sob o silêncio protetor dos humanistas, que ficaram calados em casa assistindo à novela do vírus.

Ou seja: não foi gestada apenas uma ruína proverbial com tudo trancado e a vida adiada indefinidamente. A população também entregou a sua liberdade de bandeja a tiranetes com propósitos inconfessáveis de poder. O mesmo Dória usou operadoras de telefonia para vigiar os passos dos seus reféns.

Eles diziam que estavam salvando vidas. E as vítimas deles, por alguma razão insondável, acreditaram.

CAPÍTULO 8

Os revolucionários de butique

A PROSTITUIÇÃO ESTÁ LEGALIZADA — PARA QUEM TEM fantasia de herói da democracia. Você desfila na calçada gritando que a democracia está ameaçada pela direita fascista e vende seu corpinho numa boa. É cada vez maior o contingente de pessoas com excelente formação optando por essa vida fácil — que deve ser maravilhosa, porque ninguém está nem ligando para o estigma da prostituição. Ao contrário, estigmatizados passaram a ser os que não se prostituem.

Deve ter alguma coisa errada com essa gente que não ganha a vida soltando versinhos apocalípticos sobre a democracia em perigo. Ganham a vida como, então? Só podem estar roubando.

Se você ainda não aderiu a esse vidão, não perca tempo. Basta consultar o cafetão mais próximo — e não fique pensando que vai ter de lidar com barra pesada. Estamos falando de cafetinagem fina, tudo gente educada, bem-pensante, tem até PhD. Esses simpáticos e afáveis cafetões modernos poderão te oferecer excelentes oportunidades de prostituição intelectual em institutos,

ONGs, partidos, universidades, sites, jornais e até em empresas. Você só precisa ter boa aparência e cara de pau.

O tipo de cantada para atrair o cliente fica a seu critério, mas eles vão te dar boas dicas. Você pode dizer, por exemplo, que a democracia está queimando junto com a Amazônia — é uma das cantadas mais usadas atualmente, e funciona super-bem. Se for um daqueles clientes chatos que pensam, e portanto sabem que as queimadas já foram idênticas em outros governos, não perca seu tempo: dê um "boa noite, Cinderela" no fascista, tome a grana dele e parta para o próximo.

Não quer se meter em assunto complexo, que te exija um pouco de leitura e compreensão? Nenhum problema! Liga o computador, entra em alguma rede social, acha qualquer frase idiota do sobrinho do primo do cachorro de algum general e grita na calçada: estão ameaçando a democracia! Grita e chora. Você não vai ter que cair no chão e espernear, porque já vai ter um otário comprando o teu programa — e cuidado: eles se apaixonam.

Outro programa de democracia em perigo (conteúdo adulto) que tem uma saída maravilhosa é o do massacre fascista contra a educação. Mas se algum abusado chegar perto de você para dizer que contingenciamento não é corte de verbas e todo governo faz, pega a sua bolsa ditadura e dá na cara dele — antes que o miliciano dos infernos te mande olhar em volta para constatar que a liberdade é plena no país e todas as pessoas e instituições estão com suas vozes e seus direitos intactos. Despacha logo o reaça, porque ninguém merece esse tipo de truculência.

Para que você tenha sucesso como garota/garoto de programa do apocalipse fascista é importante anotar a lista das coisas que são democráticas, segundo os códigos dessa profissão fascinante:

- usar o jornalismo para inventar que a eleição presidencial de 2018 foi decidida num golpe do WhatsApp;
- divulgar mensagens roubadas das autoridades que capturaram a maior quadrilha do país e inventar interpretações criativas que tentem incriminar quem cumpriu a lei;
- montar com a suprema corte um plano para soltar na mão grande o chefe da quadrilha;
- acusar de fascistas pessoas comuns que se manifestam nas ruas em defesa de reformas;
- tentar sabotar a reforma da Previdência espalhando mentiras e difamações contra os responsáveis pelo projeto, porque eles fazem parte de um governo que você demoniza para poder vender seu corpinho como herói democrata;
- mentir a plenos pulmões dia sim e outro também sobre as relações dos ministros mais importantes do governo com o presidente, inventando crises para ver se dá tudo errado na agenda de reconstrução do país;
- bloquear ao máximo qualquer informação sobre desburocratização, reformas e privatizações de infraestrutura, enfim, qualquer desses absurdos que desminta o seu bordão sagrado sobre um governo que não governa e só existe para ameaçar a democracia.

Importante: todo bom democrata de programa deve manter seu travesseiro amordaçado para que ele não resolva falar demais e atrapalhar o seu sono.

Feito isso, o revolucionário de almanaque pode expandir seus projetos de vida fácil. E não se esqueça: o importante é caprichar no cenário opressor para botar à venda o seu kit de herói progressista. A Natura, por exemplo, criou uma campanha elegendo como pai do ano um transexual. A empresa pretendia, dessa forma, trazer a mensagem de que estava ajudando os transexuais contra o preconceito.

Mas ela não estava. A Natura estava prejudicando os transexuais.

Solidariedade sincera agrega. Solidariedade simulada segrega. Em 1968, São Francisco (Califórnia) explodiu em manifestações pelos direitos dos gays, pela liberdade de cada um para viver em paz suas escolhas, suas normalidades, suas esquisitices, suas peculiaridades para o bem e para o mal. De lá para cá, a liberdade individual, sexual e moral teve mais de meio século de conquistas. Não de tolerância, porque tolerância é migalha. Conquistas de reconhecimento.

A Natura faz parte de um surto panfletário que joga isso tudo fora. O *business* é protestar contra a sociedade careta de meio século atrás. Não cola.

Nos anos 70, o Brasil estava cantando "qualquer maneira de amor vale a pena". Nos 80, a bissexualidade e a identidade transexual saíam do gueto. Os gays já tinham saído. Estavam todos nas novelas, nos filmes, nas músicas, em cargos de comando. Ninguém dizia que "agora é assim", ou que era o "novo normal" ou nenhum desses carimbos idiotas. Não tinha essa paranoia aritmética de maioria, minoria, hegemonia. Cada um na sua e ponto final.

O processo de libertação era a redução da patrulha (em todas as direções) — o contrário do que acontece agora.

O progressista de laboratório é, na verdade, um reacionário. Ele não quer ajudar ninguém. Quer só colar um adesivo virtuoso na testa. É um calculista, um egoísta, um avarento. Graças a ele, hoje o número de patrulheiros contra a discriminação sexual

OS REVOLUCIONÁRIOS DE BUTIQUE

é provavelmente um milhão de vezes maior do que o número de pessoas que cometem discriminação sexual. O humanista de butique precisa do preconceito. É o seu oxigênio vital.

A campanha da Natura simboliza um surto burguês de compra e venda de consciência e sensibilidade a 1,99. A contracultura nos anos 60 queria combater a sociedade repressiva "chocando a burguesia". Assim derrubou alguns tabus, e também criou outros, o que não interessa julgar aqui. Meio século depois, a burguesia resolveu brincar de chocar a burguesia. É ridículo.

Um ator adotou uma filha negra, e no Natal disse que ela tinha medo de Papai Noel branco. Captou a profundidade? Os descolados de almanaque querem "chocar a burguesia" no Natal, no Dia dos Pais ou em qualquer cenário onde eles possam pendurar uma melancia no pescoço e aparecer com sua revolução cosmética. Hipocrisia *in Natura*.

Não é para ajudar ninguém. É para apontar o dedo para os outros. Onde não houver preconceito, eles inventam. Recentemente perguntaram a um cantor se ele era gay. O artista respondeu que nos anos 70 namorava quem queria e nunca tinha que dar a ficha dos parceiros de cama. O interlocutor insistiu perguntando se o cantor não ia sair do armário. Ele respondeu: "Não posso. Na minha casa só tem *closet*".

Parem de patrulhar os outros, seus neuróticos. Parem de carimbar todo mundo com carteirinhas sexuais e raciais. E vão cuidar da vida, porque a embalagem está bonita, só falta botar alguma coisa dentro.

O ATOR AMERICANO JUSSIE SMOLLETT, DA SÉRIE "EMPIRE", foi preso em Chicago por simular uma agressão contra si. Segundo a polícia local, ele armou a situação com seus agressores — que de acordo com a falsa denúncia o teriam atacado de forma racista e homofóbica exaltando o presidente Donald Trump. Smollett não está só.

O mercado da luta contra o fascismo imaginário se tornou, no limiar da terceira década do século XXI, o mais lucrativo do mundo. Mundo este que aparentemente mergulhou num transe regressivo autoimune — porque um produto idiota só vende loucamente se tiver idiotas para comprá-lo (loucamente também), todos unidos e felizes no pacto coletivo de não desconfiar desses kits de consciência social tão baratos quanto vagabundos.

Jussie Smollett, o farsante, infelizmente não teve a chance de bater um bom papo com o companheiro Celso de Mello. Ele teria muito a aprender com o brasileiro — um mestre das artes cênicas lotado no Supremo Tribunal Federal. O americano é um completo amador na arte de simular um brado de justiça e correr para o abraço, sem qualquer problema com a polícia.

Smollett, querido, você precisava ver. O sujeito montou uma ópera bufa em dois atos de muitas horas cada um, dividida em dois dias, com intervalo de cinco (dias, não minutos) para que uma plateia abobalhada e apoplética de milhões de pessoas pudesse comentá-lo, exaltá-lo, lambê-lo como o samurai da diversidade, o Robin Hood da sexualidade, o magistrado da contracultura com meio século de mofo. Arrebatador.

Com muito mais preparo e talento para a fanfarra do que você, aprendiz que se deu mal, o companheiro Celso engendrou o milagre da encenação jurídica ao calçar seu impecável proselitismo politicamente correto numa premissa matadora: transformou homossexual em raça.

Não é genial? Usando com perícia e galhardia as maravilhas inexpugnáveis do direito transgênico, com reco-reco, pandeiro e tamborim que ninguém é de ferro, o Celso fez uma gambiarra que biscateiro nenhum aí de Chicago teria a manha de fazer. Tem biscateiro em Chicago?

No STF tem. E a gambiarra ficou uma beleza. Funciona assim: você diz que racismo e homofobia são a mesma coisa para efeito de punição, porque já que a ciência decretou não existir raça nenhuma e o racismo continua existindo na lei, liberou geral pra transplantar esse crime aí do jeito que eu quiser — eu, no caso, o Celso. Claro que não é exatamente isso, caro Smollett. É muito pior. Mas você precisa estar com tempo.

O *tsunami* demagógico com direito à associação sincrética de Sartre, Simone de Beauvoir, Damares, rosa e azul deixou muito samba-enredo no chinelo e comprovou que o Rei Momo está completamente obsoleto ante a modernidade carnavalesca do Supremo. O Celso costurou todos os clichês existentes sobre o assunto na sua esfuziante fantasia de salvador racial dos gays — e não vai ter pra ninguém na avenida. Nem em panfleto do PSOL você encontra uma exuberância dessas.

Falando em PSOL, no meio do supremo pagode surgiu o autoexilado Jean Wyllys para dizer o seguinte: não adianta nada criminalizar a homofobia. Como você vê, Smollett, tá uma bagunça esse BBB. Ninguém combina nada direito — parece até o seu teatro com os homofóbicos de mentira.

É claro que você, caríssimo encenador da escalada fascista, e sua alma gêmea togada aqui do Brasil não contribuem um milímetro para a proteção e a libertação dos gays. Vocês são justamente o contrário — a negação de tudo o que a humanidade já conquistou em compreensão, respeito e harmonia sexual. Vocês simulam o obscurantismo e incitam a segregação com seus fetiches de mordaça para brandir a espada justiceira e viver como melancólicos catadores de lixo ideológico. Vocês são os reacionários.

Seguindo o carnavalesco Celso, a ala dos supremos parasitas da mídia nacional — à frente o indefectível Barroso, espécie de meme ambulante do humanismo gourmet — já decretou que se o legislativo não legislou, não tem problema, porque lei é coisa pra quem não tem gambiarra.

Entendeu, bravo Jussie Smollett? Da próxima vez que quiser montar uma boa cena de luta pelas minorias oprimidas, dá uma passada em Brasília. Mas vai logo, porque já tem um povo aí pedindo o *impeachment* dos nossos heróis. Fascista detesta teatro.

Ficou combinado assim: quem falava coisas como "a bicha arrasou na balada" — expressões comuns entre os próprios gays — vai ter que moderar o vocabulário, se não quiser ir em cana. O corregedor de costumes Celso de Mello mandou acabar com a brincadeira.

Na origem da proposta de criminalização da homofobia, havia gente realmente preocupada com a violência física, psicológica e moral contra os gays — que ainda existe e é abjeta. Se com isso estão combatendo de fato o problema é outra conversa.

Referir-se a si mesmos, entre amigos, como "a bicha" é parte da irreverência típica dos gays — que tem a ver, inclusive, com esse apelido em inglês que passou a designar os homossexuais. Desde o início das manifestações em São Francisco nos anos 60, a melhor arma do movimento gay sempre foi o humor — começando pela capacidade de rir de si mesmos.

Os gays mais seguros e tranquilos com sua condição frequentemente se divertem com a mistura de masculino e feminino — e essa graça, nas pessoas saudáveis, não tem nada de repressora. Aliás, é libertadora.

OS REVOLUCIONÁRIOS DE BUTIQUE

O que é ofensa, agressão, preconceito ou violência contra alguém já está na lei. Uma sociedade sadia se educa sobre os valores que preza e cumpre a lei. Uma sociedade demagógica pode criar quantas camadas quiser de leis sobre leis que jamais respeitará valor nenhum.

E aí a ressalva é inevitável: a indústria politicamente correta faz bem a muita gente, menos às minorias que jura defender.

Repare que esses patrulheiros — que não defendem ninguém, apenas vivem da sua patrulha — se recusam a exaltar os gays bem-sucedidos que não são militantes. O autor de novelas Aguinaldo Silva, por exemplo, que nunca entrou em armário nenhum, frequentemente é atacado pela gangue politicamente correta. O ator e empresário Robert Guimarães, criador da Babilônia Feira Hype, foi altamente patrulhado porque não votou no PT.

Só é possível ser gay no Brasil votando em suplente de presidiário?

Ou talvez sendo um ex-BBB rancoroso, sem um pingo de humor, vivendo de incitar a boçalidade alheia e criar conflitos para se fantasiar de vítima do sistema — como se isso aqui fosse um reinado talibã.

Infelizmente, o cálculo é esse. Não tenha dúvidas de que a batalha contra o racismo ficou ainda mais longa e difícil após a epidemia politicamente correta — que pariu uma legião de falsos heróis da causa. A atriz que acusa pessoas de mudarem de calçada ao ver seu filho negro está fingindo viver no Apartheid — ou seja, está apartando, segregando, forçando uma barra que já não é leve.

Vamos estabelecer de uma vez por todas a diferença entre ajudar os outros e faturar com a própria notoriedade. É a sutil distinção entre solidariedade e egoísmo (qualquer dicionário te explica isso).

É o mesmo truque do ator que ganhou manchetes natalinas ao declarar que sua filha negra tinha medo de Papai Noel branco. Ou dos intelectuais (*sic*) que vêm encorajando mulheres a processar quem associá-las à palavra "mulata", afirmando ser um tratamento ofensivo e discriminatório. A mulata é a tal — mas a famosa marchinha que a exalta ainda vai ser proibida no Carnaval.

Vamos criminalizar tratamentos, censurar expressões, estigmatizar terminologias populares, montar um exército de credores raciais e sexuais empoderados pelos advogados mais espertos e pelos militantes mais gulosos para turbinar essa guerra fantasiada de pacificação.

E quando conseguirmos acabar com qualquer rastro de humor e harmonia na convivência entre as pessoas, não vamos esquecer de denunciar a onda de ódio.

CAPÍTULO 9

A desmoralização da civilidade

ALUNOS PASSARAM A FILMAR PROFESSORES EM SALA DE aula para denunciá-los. E a prática andou se espalhando. Nesse clima, pode acontecer tudo no ambiente do aprendizado, menos aprendizado. E por que essa reação extrema e indesejável? Porque o tal do aprendizado, ele mesmo, já andava passeando na zona de prostituição da educação nacional.

Seria ótimo se isso fosse apenas um surto paranoico, uma lenda urbana ou uma dessas teorias conspiratórias que circulam amplamente por aí com ares de verdade. Miseravelmente não é o caso. Qualquer leitor deste livro terá mais de um caso para contar — envolvendo estudantes jovens, adolescentes e até crianças, no ensino público ou privado, na capital ou no interior — sobre a transformação da sala de aula em palanque. Isso é uma praga no Brasil, um crime hediondo contra a liberdade intelectual, que é a mãe de todas as liberdades.

Já seria terrível se essa prostituição do aprendizado viesse de várias tribos, cada uma disputando as mentes em formação com seu falso credo. Mas é pior: trata-se de uma tribo só, fazendo o mesmíssimo tipo de proselitismo em todo o território nacional — portanto sem contraditório nem na contravenção. PT, PSOL e genéricos montaram um cartel de contrabando intelectual.

São anos e anos de pedagogia pirata cabeça adentro da garotada: os picaretas do MST são heróis da moderna revolução campesina, o Plano Real corresponde ao neoliberalismo que oprimiu os pobres, Lula matou a fome do povo porque já passou por isso na vida, os sindicatos parasitários são a salvação do trabalhador, o capitalismo é mau que nem pica-pau, a Europa é perversa e a África é boazinha, os índios são humanos e os brancos são desumanos, privatizar é roubar a população e quem realmente roubou a população aparece lindo na fotografia da resistência democrática contra a ditadura militar... Por aí vai.

Os alunos brasileiros passaram a se dividir basicamente em dois grupos: os que têm consciência do estupro e os que nem isso tem. Não que a consciência revogue os danos, mas com ela você pode ao menos tentar correr atrás do prejuízo e do tempo perdido. Os que não sabem que foram moral e intelectualmente estuprados terão de contar com a sorte para escapar de ser idiotas.

Duvida? Então siga com atenção as instruções para a comprovação imediata do sucesso desse massacre: olhe em volta. Você dará de cara com uma sociedade refém de dogmas "progressistas" tão vagabundos e reacionários quanto a demagogia politicamente correta — que nada mais é do que a mais perfeita encarnação da idiotia. Para quem estiver nauseado, um consolo mórbido: não é só no Brasil.

E o que acontece com o aluno que, em pleno comício do seu professor, comete a heresia do contraditório? (Atenção: não estamos falando na hipótese de o aluno dizer que o comício é comício; estamos falando apenas do ato de discordar das premissas do professor). O que acontece em virtualmente 100% desses casos é que o professor militante adota uma ou mais das opções a seguir contra o aluno (escolha a sua):

a) Desqualifica
b) Menospreza
c) Vocifera
d) Ridiculariza
e) Humilha

Não adianta reclamar com o coordenador, nem com o diretor, nem com o papa. Está tudo dominado pelo sindicato, que por uma enorme coincidência apoia os candidatos e políticos do PSOL, do PT e genéricos (PCdoB, PSB, PDT, Rede e demais democratas cenográficos) — candidatos e políticos esses que, por outra sublime coincidência, aparecem lindos de morrer em perfis dos professores nas redes sociais, com panfletagem descarada entre os alunos que são docemente constrangidos a aderir ao perfil do professor engajado (quando não é, ele mesmo, o candidato).

Esta é a autópsia da educação brasileira no século XXI, e ninguém deve ter dúvidas de que alunos acuados cairão cada vez mais na guerrilha da filmagem. A não ser que o Brasil decida (não o governo, o país) fazer o que não fez nas últimas décadas: retomar as salas de aula das mãos dos pastores partidários. Até porque escola não é curral.

* * *

A MAIORIA DOS DEFENSORES DA EDUCAÇÃO NO BRASIL, ou pelo menos os que se apresentam como ativistas cultos (e fazem mais barulho), não dá a menor bola para o flagelo acima descrito. Eles dizem que há um bando de homens rudes mandando no país desde 2019 e é preciso resgatar os princípios básicos da civilidade — não só no Brasil, como nos Estados Unidos e em outros lugares do mundo onde, segundo esses ativistas educados, a ignorância está avançando.

Com o intuito de auxiliar os que estão preocupados com a compostura, vejamos como ela vai. A melhor forma de aferir isso é observar os personagens que representam indiscutivelmente a civilidade, a educação e as boas maneiras — enfim, a compostura.

Destacamos a seguir alguns dos expoentes do comportamento impecável e suas ações mais recentes:

- **EMMANUEL MACRON**
  Presidente da França, um dos principais centros da civilização ocidental, Macron atraiu para si as atenções internacionais em 2019 espalhando *fake news* sobre a Amazônia, incluindo premissas cientificamente absurdas e fotografias com datas falsas. Ele queria tentar isolar o Brasil diplomaticamente — com todas as consequências graves para o povo brasileiro — para fingir que estava combatendo o nazifascismo. Emanuel Macron é um hipócrita que não perde a linha.

- **FERNANDO HENRIQUE CARDOSO**
  Sociólogo, ex-presidente da República, nunca foi visto dizendo um palavrão em público. Foi protagonista do Plano Real, uma das mais importantes reformas da história brasileira. Nos últimos tempos, sua ação mais

relevante foi a adesão a uma conspiração para derrubar um presidente (pediu a renúncia dele) — a partir da montagem da delação criminosa de um empresário laranja do PT que terminou na cadeia. Depois passou à tentativa permanente de sabotagem do novo presidente, ignorando sua agenda liberal e chegando a afirmar, na saída do ministro da Justiça do governo, que se o presidente não renunciasse seria "renunciado". É a compostura conspiratória.

- **JOÃO DÓRIA**
Empresário educado e articulado, governador de São Paulo, de estampa bem cuidada sem nenhum fio de cabelo desgarrado da maioria, passou a se destacar por seus movimentos arrojados para conciliar Alexandre Frota e Fernando Henrique Cardoso em nome da resistência democrática e civilizatória. Eleito na chamada onda "bolsodória", o governador passou a atacar o presidente no dia seguinte — valendo defender as girafas da Amazônia contra o incêndio fascista e fazer coro com a politicagem petista da OAB contra a Lava Jato. Telefonou para Paulo Guedes e pediu a ele que abandonasse o leme da economia em plena pandemia. Chocado com as maneiras rudes do presidente, João Dória levou Alexandre Frota para o PSDB como esperança de civilidade e gentileza.

- **ARMÍNIO FRAGA**
Economista brilhante, ex-presidente do Banco Central, ajudou a salvar o Plano Real de uma de suas piores crises. Homem altamente polido e atencioso, de sólida bagagem intelectual, passou a usar suas credenciais para

tentar sabotar o governo federal — insistindo em afirmar à imprensa nacional e estrangeira que o Brasil mergulhou num "retrocesso democrático". A fundamentação da tese envolvia uma mistura alegre e descontraída dos bordões supracitados — incluindo as *fake news* amazônicas e educacionais que arrebentaram nas paradas da resistência cenográfica em 2019. Armínio Fraga só desarma sua simpatia e urbanidade para fazer cara de nojo para a agenda reformista que ele sempre defendeu — mas que passou a não servir mais. Com todo esse rigor e compostura, em 1999 ele teria deixado o Brasil valendo 1,99.

Faça você mesmo os verbetes dos demais *lordes* e *ladies* da nobreza nacional — esses que têm usado sem parcimônia sua sofisticação para tentar sabotar a reconstrução do país em nome da mais ordinária politicagem.

A moral da história — e bota moral nisso — é a seguinte: o homem comum votou exatamente contra essa afetação virtuosa que lhe passou a mão no traseiro (aguenta firme e sobe o som do churrasco) em nome da democracia — a democracia particular dos humanistas de butique. Assim que a compostura deixar de ser contrabando de cinismo, os modos no salão melhoram imediatamente.

Façam essa experiência, senhoras e senhores. Não dói nada.

Não querem falar sobre isso agora? Tudo bem, vocês mandam. Então deem só uma olhada nessa conversa entre dois guardiões da democracia. Depois deem uma passada no espelho:

— Viu que a reforma da Previdência foi aprovada?
— Vi. Que mer... Quer dizer, que ótimo.
— Pois é. O Brasil talvez consiga avançar apesar desse governo.
— Usina de crises...
— Nem fala. O Rogério Marinho, negociador da reforma, teve que dar nó em pingo d'água.
— O cara é bom.
— Nem parece que é do governo.
— Pra mim nem é.
— Bom, ele é secretário especial do Ministério da Economia.
— E daí? Qualquer um podia ter posto ele lá.
— Verdade. O Paulo Guedes também, qualquer um podia ter posto...
— Posto Ipiranga.
— Isso! Tava ali no caminho, cheio de combustível, burrice seria passar direto.
— Claro, era o óbvio. Mas o Paulo Guedes tá desanimado.
— Muito. Nem disfarça mais.
— Disse que o Bolsonaro é um cara de bons propósitos e foi aplaudido de pé quase cinco minutos por centenas de pessoas... Um teatro desses é o sinal claro do desespero.
— Não engana ninguém.
— E o Paulo Guedes também não é isso tudo, não.
— Nada! Nervosinho, briga com todo mundo.
— Mimado. O Rodrigo Maia falou pra não dar bola pra ele...
— Aí você falou de um cara que faz a diferença. Rodrigo Maia detesta gente mimada.
— Ele é o grande responsável pela reforma da Previdência.

— Eu vi na Globo News. Acho até que ele já devia ter tocado essa reforma antes, aí a gente não tava aqui falando desses fascistas.

— É mesmo. Por que será que ele não fez isso antes?

— Porra, você também faz cada pergunta... Sei lá, acho que quando a equipe do Meirelles tentou pautar a reforma, ele tava muito ocupado.

— Eu lembro. Dava entrevista o dia inteiro sobre a crise.

— Se tem um cara que sabe tudo de crise é ele.

— Inclusive, quando fica tudo muito calmo, ele fala logo uma merda qualquer contra o governo pra dar uma sacudida.

— Exato. Ele sabe que a calmaria é perigosa. Quase sempre é prenúncio de crise.

— Um puta pacificador. Prova viva de que sem intriga não se chega à paz.

— Ele sabe muito bem que o cumprimento de todas as metas de infraestrutura em seis meses é cortina de fumaça do bolsonarismo.

— Esse Tarcísio é um fanfarrão.

— Quem é Tarcísio?

— O ministro da Infraestrutura, ué.

— Ah, claro. Fanfarrão! Trabalha 24 por 24 pra encher os transportes de investimento e enganar esse gado fascista.

— Ê, povo burro.

— Mas até que num governo democrata ele seria útil.

— É, o cara é bom. Quem botou ele lá?

— Não sei, não quero saber e tenho raiva de quem fica fazendo pergunta sobre governo fascista.

— Desculpe, tem razão.

— Me desculpe você, me exaltei. Essa onda de ódio tá me tirando do sério.

A DESMORALIZAÇÃO DA CIVILIDADE

— Imagina, tô num estresse ferrado também. A única coisa que me acalmou nessa crise reacionária foi a entrevista do Tiririca na *Folha*.
— Entendo você. A sensatez é relaxante.
— Puta entrevista, puta análise. Ele captou com perfeição o lance da escalada autoritária.
— Tiririca me representa.
— Palhaço.
— Otário.
— Viva a democracia!
— Viva!

AGORA QUE VOCÊS ESTÃO DIANTE DO ESPELHO, ORGUlhosos de integrar a resistência cívica do Tiririca, vamos ajudá-los um pouco mais a se reconhecer: havia um avião pronto para decolar, com motor suficiente para te tirar da seca, mas vocês quiseram saber se tinha vascaíno a bordo, qual era a religião do fabricante e o signo do copiloto. Esse avião se chama Brasil e um grupo de abnegados passou a tentar fazê-lo voar com a reforma da Previdência e uma ampla agenda liberal apesar de vocês, os analistas zodiacais do neofascismo imaginário.

Até anteontem vocês se comportaram direitinho. O que importava, basicamente, era ter uma tripulação confiável para tirar o Brasil do deserto deixado pela exuberância da DisneyLula. Após uma eleição cheia de artimanhas para tentar reabilitar o poder da quadrilha, o país escolheu o caminho no qual, por vias tortas ou não, a tal tripulação confiável chegou à cabine de comando. Posto Ipiranga.

Mas vocês não quiseram mais sair do lugar. Aparentemente nesse meio tempo vocês fizeram um mestrado em crítica comportamental, com MBA em etiqueta comparada, e seus interesses mudaram. Vocês trocaram o Posto Ipiranga pelo salão de cabeleireiro, onde uma desavença sobre a novela da véspera é crise grave.

De fato, é uma rotina mais agitada e emocionante. O Posto Ipiranga é um tédio.

E assim passou a ser a estranha realidade brasileira. Enquanto a equipe de Paulo Guedes trabalhava duro para tirar o país do atoleiro, vocês fuxicavam rebotalhos de rede social e tocavam nos ouvidos da nação as suas cornetas do fracasso. Nada presta, assim não dá, ole-lê, ola-lá. Os velhos trombeteiros do apocalipse, de Ciro Gomes a Requião, de Jean Wyllys a Gleisi, ficaram animadíssimos com a chegada de vocês à orquestra.

A reforma da Previdência estava afundando na Câmara — diziam vocês — porque o governo só existe no Twitter (vocês sabem tudo de articulação política), porque o Rodrigo Maia mordeu a orelha do cachorro do Bolsonaro, porque o Mourão é o golpista gente boa (vocês estavam na dúvida), porque os filhos são fanfarrões (ah, se eles tivessem MBA em etiqueta comparada...) e acima de tudo porque vocês encontraram essa fantasia de corregedores perfumados do estorvo bolsonarista e vão fazer cara de nojo para tudo.

> **OBS.:** A reforma foi aprovada, iniciando ainda nos primeiros meses da nova gestão a agenda mais esperada pelos que querem reconstruir isso aqui, mas vocês continuaram

A DESMORALIZAÇÃO DA CIVILIDADE

> com cara de nojo, dizendo que demorou (!), dizendo que o projeto do Paulo Guedes foi desidratado (mentira) e não vai prestar, ole-lê, ola-lá.

Sobre essa parte de viver surfando entre meias-verdades, vocês provaram aos parasitas do petismo que é possível mentir com muito mais classe do que eles fizeram por 13 anos. Aliás, no salão da resistência democrática não se ouviu um pio sobre a *fake news* da menina que se recusou a cumprimentar o presidente — que visitava uma escola em São Paulo e falou sobre torcer pelo Palmeiras. A menina fez sinal negativo para os colegas corintianos — e esse sinal virou um ato de hostilidade a Bolsonaro no mundo criativo das manchetes.

O problema foi que a própria menina não só esclareceu que não tinha se recusado a cumprimentar o presidente, como foi depois ao encontro dele. E vocês pouparam suas meias-verdades para explicar o seu silêncio hediondo sobre essa *fake news* vergonhosa, pois todos já tinham entendido que na nova cartilha de vocês não é permitido apontar eventuais picaretagens na imprensa: isso pode ser entendido como discurso bolso-fascista.

Incrível como vocês estão mudados (os cabelos continuam os mesmos, mas a ética... quanta diferença).

Ainda assim, a nova aposta de vocês não era de todo burra. Não haveria de faltar bizarrices dos bolsonaros e seus circundantes para alimentar as crises de fofoca que vocês passaram a fermentar e espalhar. Vocês são os colunistas sociais da miragem autoritária, uma espécie de reencarnação da revista *Amiga* para futricas de coturno. Não deixa de ser um papel na sociedade.

Se apesar de vocês o avião decolar e tirar o Brasil da seca, vocês obviamente vão querer embarcar correndo, pedindo educadamente desculpas pelo atraso. Não tem problema, a tripulação que dá duro mal sabe de vocês (não dá tempo de ler a revista *Amiga*). São democratas — exatamente como vocês fingem ser — e não irão barrar ninguém.

    Talvez os passageiros a bordo não sejam tão receptivos, mas não dedicarão a vocês nada pior do que uma cara de nojo, como a que vocês hoje fazem para tudo. Nada grave, eles apenas terão entendido quem vocês são.

CAPÍTULO 10

Me censura senão eu minto

A POSSE DE JAIR BOLSONARO NA PRESIDÊNCIA DA REPÚ-
blica era um fato inimaginável alguns anos antes de sua eleição
— e iniciou um período histórico de leitura pouco óbvia. A própria conversão súbita de Bolsonaro à agenda liberal e privatizante, em contraste com algumas de suas posições anteriores, já era suficiente para encher os analistas de dúvidas. A única certeza que ficou clara de saída sobre o novo período foi que a resistência democrática estava pronta para lutar, com todas as suas forças, pela ditadura.

Logo na largada, a solenidade de posse já incomodou profundamente a resistência. Ela foi obrigada a assistir ao vivo o famoso projeto fascista fazendo juras de amor ao povo e à democracia. Mas não pensem que a guerrilha cenográfica se deu por vencida: agências internacionais de notícias distribuíram uma foto da primeira-dama informando que ela fazia uma saudação militar.

Na verdade, era um momento do discurso de Michelle para surdos em que, no gestual das libras, sua mão direita estava à altura da testa. Isso virou uma continência. E essa continência *fake* rodou o mundo.

O cego de caráter só enxerga o que quer.

Que vexame, você deve estar pensando. Vexame nada, bobo! Passou batido, tranquilo, repercussão nenhuma. Provavelmente teve até gente achando isso uma sacada jornalística "genial". Não acham geniais todas essas suásticas e bigodinhos de Hitler que projetam nos adversários do Lula, o guardião supremo da democracia encarcerada?

Então... O novo período histórico parece ter vindo com a seguinte instrução: está liberado distorcer, dissimular, produzir *fake news* dizendo combater as *fake news* e outras práticas nobres. Ninguém passa mais vexame com picaretagem intelectual — se o picareta tiver o discurso certo.

Não adianta o Trump conseguir avanços sem precedentes na diplomacia com a Coreia do Norte se a Meryl Streep e a Oprah Winfrey não gostam dele. As manchetes continuarão anunciando a Terceira Guerra Mundial. E Michelle boa é a Michelle Obama. Não venham com imitações esbranquiçadas, que a imprensa isenta, democrática e antifascista vandaliza na primeira oportunidade.

Entre 2017 e 2018, o Brasil passou um ano e meio vendo boa parte da grande imprensa tentando derrubar um presidente no grito. Uma fanfarra pautada por um dos mais melancólicos personagens da cena pública brasileira — Rodrigo Janot, articulado com um empresário enriquecido pelo petismo para arrebentar com a recuperação do país pós-Dilma. E com o auxílio sempre cirúrgico dos comparsas do STF.

Todos os personagens da conspiração mais suja da história contemporânea brasileira, também conhecida como operação Janoesley, acabaram soltos e impunes. Contando ninguém acredita.

E essa conspiração foi inteiramente baseada num naipe de *fake news*, trombeteadas à exaustão nos ouvidos da população, fazendo crer que uma quadrilha "mais perigosa" que a do Lula estava engolindo o país — nas palavras do açougueiro biônico do PT que Janot, Miller, Fachin, Carminha e a imprensa *FreeBoy* trataram como herói do arrependimento e tentaram presentear com um final feliz em Nova York. Infelizmente o laranja bebeu demais e confessou a armação num áudio que estragou tudo.

A opinião pública brasileira embarcou nesse engodo — inclusive parte dela que votou contra o PT para presidente. O que estava acontecendo no país pós-*impeachment* era justamente o contrário. De 2016 a 2018, uma equipe séria — com o melhor *central banker* do mundo, segundo o *Financial Times* — tirou o país da recessão e organizou as contas depauperadas pelo PT.

Fica combinado assim: Michelle Bolsonaro estava batendo continência, Joesley é herói nacional e Lula perdeu a eleição para o WhatsApp. Não são caricaturas — são flagrantes do rebolado das manchetes contemporâneas.

Mas na luta contra o fascismo imaginário nem tudo é estoicismo e sofrimento. Há o momento de celebrar as pessoas e instituições que mais se destacam nessa guerra sangrenta de ketchup, arriscando corajosamente seus penteados, seu verniz cívico-intelectual e seus 50 tons de maquiagem progressista.

A seguir, a relação dos principais vencedores do Prêmio RDA (Resistência Democrática de Auditório):

- **CATEGORIA MELHOR RUI BARBOSA DO CENTRÃO — QUESITO APROPRIAÇÃO DO TRABALHO ALHEIO:** Rodrigo Maia — com a obra-prima "Como sabotar os autores da Reforma da Previdência e depois virar o dono dela".

- **CATEGORIA MELHOR ASSALTO TRIPLO:** Partido dos Trabalhadores — com a obra "Petrolão, Fundo Partidário (valeu, Maia) e Mega-Sena".
- **CATEGORIA MELHOR ORGANIZADOR DE ELEIÇÕES FORA DE ÉPOCA PARA LULA E SEUS MELIANTES GANHAREM:** Datafolha — com a obra "Se as eleições fossem hoje e ninguém estivesse olhando, o Haddad ganhava".
- **CATEGORIA MELHOR SABOTADOR DA AGENDA ÉTICA NACIONAL FANTASIADO DE ORÁCULO SOCIOLÓGICO:** Fernando Henrique Cardoso — com a obra ultrademocrática "Se o presidente não renunciar, será renunciado".
- **CATEGORIA MELHOR E MAIS GULOSO CANDIDATO PRECOCE A 2022:** João Dória — com a obra "Alexandre Frota e a resistência civilizatória contra o avanço da brutalidade".
- **CATEGORIA MELHOR NOVO VELHO PROSELITISMO CONTRA TUDO ISSO QUE AÍ ESTÁ:** João Amoedo, com a obra "Liberalismo Amazônico e a cartilha bonitinha mas ordinária (ou Tamo Junto, PSOL!)"
- **CATEGORIA MELHOR VÍTIMA VOLUNTÁRIA DO NAZI-FASCISMO CENOGRÁFICO:** Chico Buarque — com a obra "Me censura senão eu minto".
- **CATEGORIA MELHOR TEORIA ECONÔMICA DO CAOS:** Armínio Fraga — com a obra-denúncia "Girafas e democracia em perigo".
- **CATEGORIA MELHOR FRANCÊS DE ALUGUEL:** Emmanuel Macron, com a obra "Queimou Paris e foi ao cinema — ou Queimei meu filme e fugi pra Amazônia".
- **CATEGORIA MELHOR INTÉRPRETE DE MENSAGENS ROUBADAS:** *Folha de S. Paulo* — com a obra "Este Lavo

Jata ser uma golpe para impedir que a Lula e as empreiteiros roubar a Brasil honestamente".

- **CATEGORIA MELHOR EMBAIXADOR DO BBB NA EUROPA:** Jean Wyllys — com a obra "O mandato é meu e eu vendo pra quem eu quiser".
- **CATEGORIA MELHOR OCULTAÇÃO DA AGENDA POSITIVA DE GUEDES/TARCÍSIO & CIA:** Jornalismo Trans e Liberalismo Flex (prêmio dividido) — com as obras definitivas "O rosa, o azul e as prioridades de uma nação" e "Etiqueta e as boas maneiras em Adam Smith".
- **CATEGORIA MELHOR PLANTONISTA DA GLOBONEWS E DEPUTADO NAS HORAS VAGAS:** Rodrigo Maia e Aleffandro Molão (prêmio dividido) — com a emocionante cobertura do Apocalipse (que eles prometem matar no peito e transformar numa brisa de fim de tarde, ao vivo).

A solenidade de entrega do Prêmio RDA ocorre no Copacabana Palace — Salão PSOL, com apresentação do Hacker de Araraquara (por telão), tradução de Glenn Greenwald, poesias de Adélio Bispo (também por telão), entradas ao vivo diretamente do sistema carcerário com Lula & PCC ("Bolsonaro renuncia amanhã — rap do FHC"), show de Daniela Mercury e Caetano Veloso dublado por Ciro Gomes (Grupo Praguejar), colóquio sobre inteligência revolucionária com Dilma Rousseff e Delfim Netto, workshop de Halloween com Gleisi Hoffmann e Maria do Rosário, e muitas outras atrações demoníacas, ou melhor, democráticas.

Não perca (a serenidade). Como diria o poeta, vai passar.

* * *

O SUPREMO TRIBUNAL FEDERAL BRINCA DE DITADURA. Mas esse tipo de brincadeira não dá para brincar sozinho. O STF só tem coragem de mandar invadir a casa dos outros para confiscar o direito de opinião porque tem a cobertura dos democratas de auditório. Eles criaram a novelinha do Gabinete do Ódio para poder amordaçar geral fingindo defender a liberdade.

    Fica aqui uma modesta sugestão ao pessoal do fetiche fascista que não se conforma com a democracia: saiam do seu armário cívico. Assumam publicamente o seu horror à soberania da vontade popular. Declarem-se milicianos dos seus interesses particulares, dos seus políticos de proveta fabricados pelo Clube dos Ricos, das suas ONGs hipócritas, das suas associações sombrias fantasiadas de salvacionismo global, dos seus inconfessáveis projetos de usar o charme cosmopolita para subjugar o Estado e mandar na porra toda.

    A suposta caçada às *fake news* — que embasou atos brutais do STF — é o truque para tentar calar a opinião pública livre. Não é difícil de ver. Antes mesmo da eleição de 2018, a armadilha já estava montada. Então na presidência do Tribunal Superior Eleitoral, o ministro Luiz Fux declarou que a comprovação de *fake news* na campanha presidencial poderia levar à anulação da eleição. Uma declaração genérica, preparando uma diretriz flácida, insidiosa e malandra.

    Quem iria determinar, e com quais critérios, o que era *fake news* — e, principalmente, se interferiu ou não no sufrágio? Adivinha.

    Claro que nunca se ouviu uma única bravata togada, nunca se viu uma única e suprema pirueta contra a enxurrada de panfletos que diziam que o adversário do PT ia acabar com o Bolsa Família. O papo de *fake news* na eleição, obviamente, era para tentar controlar as redes sociais e outras mídias não controláveis. Evidentemente ali estava a nova frente de formação de consciência democrática — e isso é muito perigoso. Foi assim que nasceu, após a eleição de Bolsonaro, a tese patética do golpe de WhatsApp.

Fascistas diabólicos tinham espalhado para as tias que o príncipe Haddad era chato, bobo e feio — e foi assim que elas migraram para o adversário. Até ali, ninguém tinha nem notado que Haddad era um suplente de presidiário.

A "profecia" de Luiz Fux se cumpriu com essa narrativa idiota — que dominou a grande imprensa ao raiar do novo governo. Ele era ilegítimo — tinha sido ungido por uma conspiração de iPhone. Foi então preparada a fanfarra da CPI das *Fake News*, irmã gêmea do inquérito extraterreno do STF que embasou a invasão ditatorial de domicílios contra a liberdade de opinião. A CPI das *Fake News* foi criada para avaliar as teses conspiratórias de Gabinete do Ódio e golpe de WhatsApp — e acabou desmoralizando-as, com detalhes sórdidos trazidos pelas próprias fontes que embasavam a dramaturgia "democrática". O circo saiu pela culatra.

Mas eles não descansaram. O Brasil foi às ruas diversas vezes, em manifestações pacíficas de apoio à agenda reformista aprovada nas urnas, e isso também era sempre uma orquestração fascista do Gabinete do Ódio. O povo na rua pedindo a reforma da Previdência (aprovada) era, na leitura prévia da resistência cenográfica, articulação miliciana para dar palanque ao fascismo. Contando ninguém acredita. Mas foi exatamente assim.

Nunca se vira antes tentativas de embargar, previamente e no grito, manifestações populares de rua. Mas isso passou a acontecer a partir de 2019.

Rodrigo Maia e sua tropa fisiológica ameaçavam sabotar as reformas — com declarações ostensivas na grande imprensa contra a equipe econômica — e o povo se mobilizava para defender nas ruas a agenda de Paulo Guedes. Imediatamente brotavam manchetes e fofocas sobre um movimento obscurantista contra o parlamento. Confundir repúdio à sabotagem com ameaça ao Congresso é um dos esportes preferidos do Gabinete do Amor.

As *fake news* de grife não suportam a democratização da opinião e o aprofundamento da liberdade de expressão para além dos seus domínios. O STF não daria um pio sem a cobertura desses democratas de auditório.

Aprenda um pouco mais ouvindo um diálogo cívico deles:

— Tu viu o maluco da retroescavadeira?
— Sensacional.
— Como, sensacional? O cara é um assassino!
— Não vejo dessa forma.
— Que forma, dodói? Não tem forma nenhuma. O cara jogou em cima de pessoas uma máquina capaz de derrubar um prédio. É assassino. Ponto.
— Depende.
— Depende do quê?
— Do contexto.
— Que contexto?
— Ué, tu sabe o que levou o cara a fazer aquilo?
— Sei. Quis passar por cima de um motim de policiais em greve.
— Mais ou menos.
— Tá. Policiais em greve ilegal.

— É. Mas não tô falando disso, não.
— Tá falando de quê?
— Do Mal.
— Ah, maldade por maldade...
— Não tô falando de qualquer maldade. Tô falando do Mal. Do Mal Absoluto.
— Existe isso?
— Não só existe como aproveitou uma brecha e encarnou aqui no Brasil.
— Tem certeza?
— Infelizmente tenho. Aí você raciocina: e se aquele homem dirigindo a retroescavadeira no Ceará estivesse combatendo o Mal Absoluto? Você ainda o chamaria de assassino?
— Você tá me confundindo.
— Não tem confusão nenhuma. Tá tudo muito claro.
— Como você sabe que o Mal Absoluto tava diante daquela retroescavadeira?
— Amigo, desculpe: você não vê televisão? Não lê jornal?
— Claro que sim.
— Então? Não notou que tá tudo interligado?
— Tudo o quê?
— Tudo. Óleo na praia, Amazônia acabando, democracia em chamas, aquecimento global...
— Espera aí, acho que a ligação tá ruim: você falou aquecimento global?
— Exato. Você ouviu muito bem.
— Mas isso também tem a ver com...
— Claro! Não te falei que é o Mal Absoluto?
— Falou.
— Então? Absoluto quer dizer tudo. Geral. Enfim, a porra toda.

— Ah, tá.
— E se você não perceber que os milicianos do clima estão conectados com os milicianos do Ceará, você nunca vai entender a ação libertadora daquela retroescavadeira.
— Caramba, agora entendi tudo.
— Putz... Até que enfim.
— Então aquilo não era uma retroescavadeira pilotada por um assassino avançando para esmagar seres humanos. Era um ato de resistência democrática contra o fascismo!
— Exatamente! E contra o bolsonarismo.
— Isso. Dá no mesmo, né?
— Ufa, até que enfim a sua ficha caiu.
— Aaaaaiiiiiii!!!!!!!! Socorro!!!
— O que houve?!
— Caiu uma mosca na minha sopa!
— Que susto... Achei que você estivesse enfartando.
— Que ódio! Segunda vez que isso me acontece em um ano. Nunca tinha acontecido antes.
— O quê?! Desde que o Bolsonaro assumiu já caíram duas moscas na sua sopa?!
— Meu Deus! Não tinha me tocado disso. Obrigado, mas vou ter que desligar. Preciso avisar à imprensa.
— Boa sorte, amigo. Aconteça o que acontecer, não recue. O Bem está do nosso lado.
— Tá. Se for preciso, onde eu arranjo uma retroescavadeira?

CAPÍTULO 11

2020, uma odisseia no porão

ESTAMOS NO ANO DE 2050 E UMA JUNTA DE HISTORIADO-res continua debruçada sobre o longínquo (e estranho) ano de 2020. A cada semana um membro da equipe precisa ser retirado e enviado a uma quarentena rigorosa para descontaminação espiritual, de tão pesado que é o trabalho.

Mas a junta é abnegada e está avançando no *front* da arqueologia cultural — já tendo alcançado a certeza científica de que 2020 significou, na curva evolutiva da humanidade, o pico de disseminação das falsas éticas. Deu-se ali praticamente uma hecatombe moralista fundada na hipocrisia: "Barra pesada", resumiu um dos cientistas da junta, que pediu para não ser identificado.

O trabalho corre em sigilo total, mas conseguimos o vazamento do rascunho de uma primeira súmula sobre a falsa ética que explodiu em 2020 e publicamos a seguir, com exclusividade:

1. **"OS PRÓXIMOS 15 DIAS SERÃO DECISIVOS NO ENFRENTAMENTO AO CORONAVÍRUS."** Este alerta enigmático foi captado em discursos de governadores brasileiros tanto em abril, quanto em julho de 2020 — levando os pesquisadores de 2050 à hipótese bastante provável de que no ano em estudo o tempo era contado de outra forma, num sistema em que cada dia podia levar três meses ou mais, dependendo da região do país e do partido do governador.

2. **"SE PUDER, FIQUE EM CASA."** Essa foi a frase que mais intrigou os historiadores. Como aparentemente era uma recomendação para barrar uma epidemia, eles não conseguem entender o que acontecia na versão "se não puder". Isso porque há pouquíssimos registros de slogans ou palavras de ordem para quem saía de casa — e há vários registros de aglomerações em transportes sem nenhuma ação disciplinadora do Estado, que por outro lado algemava e batia em mulher sozinha na praça ou na praia. Era tudo muito estranho nessa época.

3. **"USE MÁSCARA EM CASA."** Por incrível que possa parecer, havia seres humanos em 2020 que se sentiam (e se diziam) éticos ao tentar empurrar o Estado para patrulhar o interior de residências em busca de quem não estivesse usando máscara — fingindo que assim bloqueariam o contágio do coronavírus e salvariam vidas. (OBS.: Eles diziam amar a democracia). E também queriam que alguém fechado sozinho no seu próprio carro sem máscara fosse considerado genocida em potencial. Os historiadores estão tipificando esse fenômeno antropológico como "Complexo de Zorro".

4. **"DANE-SE A ECONOMIA."** Com uma habilidade retórica impressionante, os fundamentalistas da Seita da Terra Parada — corrente mística dominante em 2020 — faziam milhões de pessoas acreditarem que os que não seguissem sua cartilha eram criaturas desumanas e só pensavam em dinheiro. Hoje sabemos que morreu mais gente de asfixia social do que de coronavírus, mas na época a ordem unida para parar o mundo como seguro de vida era praticamente inquestionável. Alguns historiadores estão comparando esse tabu com o da Terra como centro do universo, que também deu muita briga e demorou a cair.

5. **CONCLUSÃO PRELIMINAR DA JUNTA DE HISTORIADORES:** o ano de 2020 foi o Pico dos Hipócritas. Uma elite intelectual que se apresentava como libertária levou ao extremo seu expediente malandro de viver patrulhando os outros para proteger a si mesma — numa espécie de jardim das delícias burguesas, também conhecido na época como "curralzinho vip". Com a epidemia, eles foram tão longe no *lockdown* mental que, em dado momento, só não era expulso do clube quem inserisse em todas as suas mensagens a ideia de prisão. Os historiadores de 2050 estão convictos de que 2020 foi o ano mais reacionário da história — e que dificilmente um fenômeno similar voltará a atingir a humanidade de forma tão obscura.

Entre os documentos que embasaram a conclusão dos historiadores está um registro de junho de 2020. O documento mostra o então prefeito de São Paulo, Bruno Covas, declarando que já tinha salvado 30 mil vidas com sua política de enfrentamento do coronavírus. É muita vida. E diante de uma ação tão impressionante, com resultado tão preciso, todos quiseram saber como exatamente isso se deu. Mas ficaram querendo.

A premissa científica do prefeito, assim como a do governador João Dória — seu sócio de *lockdown* —, era uma espécie de desejo matemático. Eles montaram uma equação relacionando percentual de população confinada com detenção da epidemia. E pediram ao coronavírus: por favor, não entre nas casas do nosso modelo estatístico, para podermos usar sem culpa a quarentena como estandarte.

Infelizmente o vírus não atendeu ao apelo dos homens bons. Esses vírus chineses são mesmo muito rebeldes. Mas Covas continuou dizendo que seus prisioneiros domiciliares foram imunizados por decreto, sacramentando o que ninguém sabia: a ciência é um estado de espírito. Ou, numa literatura mais acadêmica: a ciência é o que der na telha do falastrão mais desinibido.

Sem querer tirar o Oscar de ficção científica das autoridades de São Paulo, restou indagar: quantos hospitalizados com COVID-19 estavam cumprindo o confinamento? Como se sabe, em várias partes do mundo a maioria dos internados veio da quarentena. Em Nova York, por exemplo, esse número em dado momento chegou a 84% dos hospitalizados — somando-se os que estavam em casa e em asilos. Poucos adeptos do *lockdown* tiveram a honestidade do governador de Nova York, e em geral disseram que sem confinar a população em casa seria muito pior. Ciência é ciência.

Algumas perguntas úteis para ajudá-los a conhecer o seu próprio modelo: quando se iniciou a quarentena, que percentual da população já infectada por coronavírus se trancou em casa? Não sabem? Ok. Então é por isso que também não sabem — ou não queriam que soubessem — quantos hospitalizados vieram da quarentena? Talvez. Mas vamos em frente: dos que se confinaram, quantos mantiveram contato com pessoas que continuaram circulando? E dos que mantiveram, quantos desses que circularam estiveram em aglomerações sem o distanciamento requerido?

Continuando: que percentual dos que cumpriram o confinamento pertencia a grupos de risco? E desses grupos, quantos fizeram isolamento total em relação aos que continuaram circulando? Não sabem? Ok, já entendemos. Vocês não sabem nada.

E, portanto, vocês não têm a menor ideia de qual foi o percurso do contágio dentro e fora dos domicílios, porque vocês não estudaram, não trabalharam, não pensaram. Só falaram. Aliás, falaram sem parar. Como podem afirmar ter salvado 30 mil vidas com *lockdown* se as suas estatísticas não sabem e não querem saber o que aconteceu com uma única vida na prisão domiciliar de vocês?

A quarentena burra nunca organizou a população para o que realmente poderia salvar vidas: o isolamento rigoroso dos vulneráveis e a circulação responsável dos não vulneráveis. Todo mundo viu transportes públicos lotados em São Paulo (e outros lugares) sem qualquer ação das autoridades para disciplinar esse absurdo. Qualquer um pode imaginar quantos voltaram para casa para infectar vulneráveis que não saíam de casa — todos cumprindo regiamente o mandamento poético "se puder, fique em casa" (e se não puder, dane-se, que não é problema nosso).

Aí os éticos de butique disseram que a culpa foi de quem circulou. Não, a culpa foi de quem se lixou para os que circularam — e também para os que se enfurnaram achando que ficar em casa era seguro de vida, porque o vírus ficaria obedientemente do lado de fora.

Os xiitas da prisão domiciliar continuaram por aí esfregando notícias de óbitos na cara dos que tentavam fazer a circulação responsável. E os governantes covardes surfaram nessa patrulha para tentar transformar o *lockdown* místico em estandarte político.

Eles não salvaram ninguém. E passaram a carregar uma herança pesada. Não só porque jamais demonstrarão a alegada eficácia no enfrentamento da epidemia, como pela constatação da mortandade decorrente do próprio *lockdown* — por doenças represadas, suicídio e fome, entre outros flagelos. A verdade nunca será trancada.

* * *

A MÃE DO *LOCKDOWN* TOTALITÁRIO É A ORGANIZAÇÃO Mundial da Saúde. A crise do coronavírus serviu para tirar o véu de falsa majestade dessas entidades internacionais — e demonstrar como são, no mínimo, superestimadas. Na Organização das Nações Unidas, por exemplo, o Brasil despencou no "ranking de felicidade". Em 2019, o país apareceu 16 posições abaixo da que ocupava quando Dilma Rousseff ainda era presidente. A felicidade da ONU é para os fortes.

Deve estar aí a explicação para o fato de que Dilma, a feliz testa de ferro do maior assalto da história, continuou solta depois da captura da sua quadrilha. Só pode ser a proteção invisível do escudo inexpugnável da felicidade. Desde que ela foi deposta, o bom observador notou a escalada da tristeza nacional refletida nos olhos marejados da ONU — especialmente enquanto a entidade soltava, por meio daqueles seus diligentes subcomitês, os alertas internacionais "Lula livre".

2020. UMA ODISSEIA NO PORÃO

É muito triste mesmo você usar a sua milionária máquina burocrática em favor de um ladrão simpático — e absolutamente honesto — enquanto ele está vendo o sol nascer quadrado. O relatório da ONU deveria trazer na capa uma epígrafe sintetizando a filosofia da esperança que nunca morre: "A chave da felicidade está logo ali, na mão do carcereiro".

Faltou a epígrafe, mas o Brasil não tem do que se queixar em relação a essa organização amiga dos amigos, companheira dos companheiros. A ONU fez tudo que estava ao seu alcance para ver os brasileiros felizes — particularmente aquele mesmo ladrão simpático, picareta do coração, que quando ainda não estava em situação de xadrez andou se encontrando por aí com uns ovos voadores muito mal-educados.

Foi quando Dilma, a nossa última musa da felicidade, alertou a ONU com uma sagacidade quase profética: o ônibus do Lula ia passar por uma área perigosa do Paraná e ela estava preocupada com o que poderia acontecer... Vejam o que é a intuição de uma mulher *sapiens*. Não deu outra: em lugar dos ovos, tiros atingiram um ônibus da caravana petista — não o que levava o ex-presidente, por coincidência — e mesmo ninguém sabendo dizer onde, quando, por que ou como aquilo aconteceu, a ONU avisou ao mundo, praticamente em tempo real, que tentaram matar o Lula.

O atentado mais misterioso da história, sem uma única testemunha, virou manchete no mundo inteiro como uma ameaça à democracia brasileira em ano de eleição presidencial. No centro de tudo, a vítima das vítimas, o pobre milionário mais querido do planeta, o filho do Brasil e enteado da ONU que queria ser candidato para não ser preso. Cada um com seu projeto de felicidade.

Durante a eleição, um dos adversários do PT, mais especificamente o candidato que liderava as pesquisas, foi esfaqueado em praça pública. Dessa vez, a testemunha do atentado era todo mundo — dava até para ver a lâmina entrando e saindo da barriga por vários ângulos. Mas a tentativa de assassinato deve ter coincidido com o dia de folga da ONU: ela só foi se manifestar sobre o assunto 24 horas depois, dizendo basicamente que aquilo não se faz (poderia pelo menos ter explicado que lugar de faca é na cozinha, mesmo que isso não esteja previsto na Convenção de Genebra).

Estardalhaço em tempo real não é para qualquer um — só com amor de mãe e aviso da Dilma, a musa da felicidade. E se o alvo desse atentado desinteressante ainda por cima é eleito presidente, aí o país cai mesmo no ranking da felicidade mal-humorada da ONU.

Vale dizer, a propósito, que depois do *impeachment* a ONU virou uma espécie de testemunha ocular da infelicidade brasileira. Reforma trabalhista acabando com a mamata dos sindicatos? Não interessa. Segundo a ONU, um golpe elitista e autoritário nos direitos do trabalhador. Medida de controle fiscal para acabar com a orgia contábil do PT? Nada disso: segundo a ONU, a PEC do Fim do Mundo ia deixar crianças com fome nas escolas da periferia.

Como não amar uma entidade dessas, tão dedicada a cuidar incondicionalmente da felicidade dos seus pilantras de estimação? O que mais pode desejar um povo do que ser roubado por gente com boas conexões em Nova York, onde não se perde a ternura jamais?

O que terminou de azedar a situação do Brasil no ranking foi a retirada do apoio ao ditador gente boa da Venezuela (cujo massacre a ONU nunca viu mais gordo) e a turnê fracassada de um exilado profissional do PSOL — estrela cadente da agência internacional de felicidade.

Se os brasileiros avançarem com as reformas e tirarem de vez suas contas do buraco, provavelmente serão diagnosticados no ranking da ONU com depressão profunda. O jeito é continuar fugindo do final feliz.

Para quem se esqueceu do que era a promessa de felicidade petista, as lembranças continuam assombrando por aí. O economista do PT Marcio Pochmann, por exemplo, declarou em 2019 que a queda no número de assinaturas da TV paga era culpa do governo Bolsonaro. E arrematou com uma ironia triunfal: não era só o PT sair do poder que tudo se resolvia?

O mais importante na notícia não era o fato do eminente economista nunca ter ouvido falar de *streaming*, Netflix, Amazon etc. — que possivelmente o levariam a novas descobertas, como a de que as vendas de aparelhos de fax também despencaram, da mesma forma que o serviço de revelação de filmes fotográficos mergulhou numa grave crise.

Também não havia nada de extraordinário na invenção de teses vagabundas para tentar desmentir a realidade da recuperação econômica depois da saída do PT do governo: a maior parte do noticiário nacional passou a fazer isso diariamente, e todo mundo se acostumou.

O dado realmente significativo — e dramático — daquela notícia (ou antinotícia) era que Marcio Pochmann possivelmente seria o ministro da Economia se Fernando Haddad tivesse sido eleito presidente. Lembra do final feliz? Pois é.

E aí vale a recapitulação histórica — ou ajuda-memória, como diria Marcelo Odebrecht, o grilo falante do Lula: apesar de ter sido ungido dentro da cadeia pelo maior ladrão do país, Haddad chegou ao segundo turno da eleição (hoje parece mentira, mas está no Google), tendo tido, portanto, chances reais de vitória. E Marcio Pochmann, esse economista que, como visto acima, sabe tudo de economia, era o homem forte (*sic*) do suplente de presidiário na campanha — o Paulo Guedes do Haddad.

Como se vê, o Brasil tinha de um lado o posto Ipiranga e de outro a escolinha do professor Raimundo. Onde eu faço as reformas e tiro o país do buraco? Pergunta no posto Ipiranga. Onde eu faço panfletagem fantasiada de gestão e jogo o país no buraco? Pergunta pro Rolando Lero.

Outra ajuda-memória, ou informação cultural, para trazer luz em meio às trevas: a briga de foice no escuro (bota escuro nisso) pelo poder na campanha de Fernando Haddad consagrou esse mesmo Pochmann em duelo mortal com Nelson Barbosa.

Não está ligando o nome à pessoa? Sem problemas, a ajuda-memória da Odebrecht te socorre: Nelson Barbosa era o braço direito de Dilma Rousseff naquela epopeia que levou o Brasil gloriosamente ao fundo do poço — à maior recessão da sua história. Ele perdeu a parada para Pochmann, porque foi considerado pelo estado-maior de Haddad ortodoxo demais...

É aquela coisa: por que você vai se contentar com o fundo do poço se você pode ir de uma vez por todas para o brejo? (essa gente nunca se acomoda na zona de conforto).

O que estava em jogo na eleição de 2018 é a eterna encruzilhada brasileira: posto Ipiranga ou escolinha do professor Raimundo, gestão de equipe econômica ou poesia de Rolando Lero, trabalhar sério ou ir para o brejo. Vale notar que diversas outras vozes que se dizem liberais (e até sabem o que é *streaming*) viraram avestruz na eleição — e depois ficaram por aí fantasiadas de girafa, cornetando a equipe de Paulo Guedes com estranhas teorias macroeconômicas da democracia florestal. Sem dúvida alguma o professor Raimundo andou fazendo escola.

Feito esse breve esclarecimento sobre o caminho escolhido pelo Brasil, podem voltar ao videogame do apocalipse e à caçada de Pokémon com o Pochmann. Só lembrando que nesta ajuda-memória — um oferecimento do Instituto Odebrecht — não falamos em nenhum momento de roubo. Ou seja: não menospreze a incompetência e a estupidez, até porque essas a Lava Jato não pega.

CAPÍTULO 12

A orquestra do fracasso

A RESISTÊNCIA CENOGRÁFICA COMEMOROU A VITÓRIA do populismo criminoso na Argentina — aquele que falsificou e arruinou as contas públicas do país, fabricando até índices de inflação. A ruína dos Kirchner — de volta com Alberto Fernández, o poste de Cristina — inspirou diretamente as fraudes contábeis do PT no Brasil, culminando nas famosas pedaladas fiscais de Dilma Rousseff. O resultado foi a destruição da economia argentina e a maior recessão da história brasileira. Quem comemora a ressurreição dessa tragédia está mais para resistência sadomasô.

Dois tipos de pessoas ainda apoiam o populismo criminoso (representado por Lula & cia) que empobreceu a América do Sul para enriquecer uma quadrilha de políticos e empreiteiros:

1. Os ignorantes que não superaram a devoção mística;
2. Os letrados que usam essa fantasia progressista para esconder sua índole egoísta, reacionária e eventualmente venal.

Não há um terceiro tipo.

Fernández foi eleito quando Lula ainda estava preso — e comemorou a vitória pedindo Lula livre. Se você é eleito afiançando um político condenado a mais de 20 anos de prisão por corrupção, você desautoriza de cara qualquer surpresa futura com a rapinagem do patrimônio nacional. Essa caricatura ambulante é apoiada ostensivamente pelo ditador Nicolás Maduro — esse que não satisfeito em destruir a Venezuela saiu por aí atiçando a violência no continente fantasiada de reação ao "neoliberalismo". Contando ninguém acredita.

Imediatamente após a vitória do kirchnerismo, a Argentina mostrou que tem tudo para voltar a ser o paraíso dos doleiros, com o prêmio do paralelo sobre oficial chegando a 38%. Simultaneamente no Brasil a bolsa fechava em novo recorde, acima dos 108 mil pontos. Veio o estrondo da pandemia e o Brasil, atingido muito mais fortemente, voltou ao Global Index dos mais confiáveis para se investir, enquanto a Argentina se desmilinguia com os credores no seu encalço temendo o calote. Era o filme óbvio.

De qualquer forma, tudo depende da eficiência da sabotagem — que tenta de tudo para montar a historinha da primavera progressista dos picaretas amigos do Lula e do Maduro contra os vilões do fascismo imaginário que começaram a arrumar a casa no Brasil. Em suposta defesa da democracia, o STF, por exemplo, resolveu recorrer à ditadura. Vale tudo.

Acabou aquele negócio de ficar explicando, muito menos fundamentando, ações de invasão domiciliar, quebra de sigilo e confisco de bens. Isso é para os fracos. Tem imunidade parlamentar? Problema seu. Antigamente, quando se queria repudiar ações ditatoriais por parte das forças do Estado, a senha era "chame o ladrão". No auge do totalitarismo epidêmico, a autointitulada resistência democrática não chamou ninguém.

Ela estava em silêncio na quarentena vip, vibrando com a boçalidade do STF contra o fascismo imaginário. Quem é o inimigo?

O inimigo é o governo federal. Todos os parasitas, donos de feudos, chefes de paróquias, despachantes de clubes de ricos e aspirantes à bolsa-ditadura chinesa entraram em polvorosa. A agenda de reconstrução do país representa para eles o apocalipse. Toda reforma que ameaça fazer a riqueza da sociedade voltar para a própria sociedade, sem o pedágio obsceno para as capitanias hereditárias, é muito perigosa.

De que servirá todo o estudo e o preparo de alto nível que a elite te deu se você não puder usá-lo para chupar o sangue do povo?

Eis que, mais uma vez, o Brasil acionou uma agenda consistente de reconstrução. Não a agenda do Bolsonaro. A agenda que o Bolsonaro encampou, a partir das diretrizes liberais de Paulo Guedes, que a sociedade entendeu, aprovou e decidiu empurrar para frente. O povo foi para as ruas em 2019 apoiar a execução dessa agenda — e a resistência cenográfica disse que aquilo era armação de células fascistas. Entendeu agora o jogo do STF?

O governo nazista e descerebrado eleito apenas para cassar as liberdades fez a reforma da Previdência em seis meses. Tudo articulado e negociado com o parlamento nacional, em ações translúcidas assistidas e discutidas por toda a sociedade. Essa era a reforma que dez entre dez analistas honestos afirmaram por anos ser capital para que o país não entrasse em colapso no curto prazo. Uma vez aprovada a reforma, você juraria que isso nem aconteceu. Provavelmente foi um sonho dourado na grande noite da ditadura fascista.

O problema é que o mundo viu. E a prova disso é que o Brasil voltou em seguida ao grupo dos 25 países mais confiáveis para se investir no planeta. Como assim? O Brasil do Bozo? Não, o Brasil dos brasileiros, que sob o governo Bolsonaro e a gestão de Paulo Guedes empreendeu em 2019 uma agenda de reformas liberais e de aprimoramento institucional que, aos olhos de quem não está brincando de fascismo imaginário, tornou este aqui um lugar melhor para se fazer parcerias e se colocar dinheiro.

O ranking FDI Global Index, divulgado pela A.T. Kearney — referência para a comunidade financeira internacional — recolocou o Brasil, em plena destruição da pandemia, como uma das potenciais alavancas para a retomada. Isso não foi um favor. Ninguém nesse terreno faz favor a ninguém. Nem mesmo um reconhecimento. Isso foi apenas uma constatação.

Tem gente no Brasil eliminando pedágio para estado guloso e burocrata gordo? Ok, vamos para lá. É só isso.

Mas e os parasitas no STF, no Congresso e adjacências com seu circo antifa, representando capitanias reacionárias que não querem largar o osso? Simples: continuaram apostando tudo na destruição. É a sua única saída. O nome do jogo é dizer que os responsáveis pela agenda de reconstrução querem acabar com o STF e o Congresso Nacional. É aquela história do ladrão que sai correndo gritando "pega, ladrão", para que todos olhem para o lado errado.

Entendido, Brasil? Basta olhar para o lado certo.

NÃO HÁ NOVIDADE ALGUMA NA OBSESSÃO BRASILEIRA pelo fracasso. Você não precisa ler nenhum sociólogo de passeata para constatar o fenômeno. Cada passo à frente corresponde a uns dez para trás — e andar de lado é progresso arrojado. Por uma razão miseravelmente simples: tacar pedra, aqui, é salvo-conduto.

Por que trabalhar dobrado para construir, num lugar onde destruir é muito mais charmoso, além de bem mais fácil? Você está cansado de saber que numa nação infantilizada fazer cara de nojo para governo é sucesso garantido. Arregaçar as mangas pelo bem comum e correr o risco de tomar uma chapa branca na testa? Deixa de ser otário.

Esse componente tão dramático quanto corriqueiro do caráter nacional já deu as caras, sem a menor inibição, inúmeras vezes. Uma das mais impressionantes se deu logo após a eleição de Lula, em 2002.

Desafiado publicamente por Pedro Malan a esclarecer se sua plataforma era a demagogia dos calotes e bravatas contra a elite malvada ou o cumprimento de contratos e a responsabilidade fiscal, Lula se comprometeu com a segunda opção. E cumpriu. Iniciou seu governo com uma equipe econômica de alto nível chefiada, por incrível que pareça, por Antonio Palocci — cuja gestão foi reconhecida por dez entre dez expoentes do setor — e Henrique Meirelles no Banco Central.

Estavam dadas as condições para um novo ciclo virtuoso, depois das crises de energia (doméstica) e da Rússia (internacional) que travaram na virada do século a linha ascendente do Plano Real. Lula era um líder popular mostrando senso de pragmatismo para unir a estruturação econômica e o resgate social — enfim, para unir o país.

E o que fez o país? Fez o que faz sempre: sabotou.

A fritura de Palocci não demorou a começar e vinha de todos os lados (isso te lembra alguma coisa?). Corneteiros e cassandras brotavam no meio empresarial, na imprensa, nas artes, na política — inclusive no PT, o partido governante. Aliás, os tucanos fizeram a mesma coisa com Fernando Henrique e Malan — porque, como já foi dito, aqui fazer cara de nojo para governo é investimento. Mesmo se você estiver no governo.

O Plano Real triunfou apesar dos tucanos — que até o apoiaram majoritariamente na decolagem (covardia não é burrice), mas atrapalharam tanto no nascedouro quanto na sustentação. Malan passou oito anos sendo demitido na imprensa — e adivinha a origem dessas sementinhas? Uma equipe de abnegados executou o maior plano econômico da história enquanto o presidente era chamado todo dia de elitista, neoliberal (o fascista da época) e reacionário por ter se aliado a Antonio Carlos Magalhães, o Toninho Malvadeza. Identificou o padrão?

Voltando a Lula, aquela configuração que prometia unir o país (ahaha) logo virou tiro ao alvo: MST querendo mais grana, PT querendo mais cargo, PSOL nascendo para sua vida gloriosa de virgem do puteiro, tucano querendo o poder de volta, empresário "moderno" querendo dinheiro de graça e fritando o ministro da Fazenda que buscava a modernização. O vice-presidente, que era empresário, atacava dia sim, outro também, a política macroeconômica do seu próprio governo. Crise, teu nome é Brasil.

Segundo vários representantes da intelectualidade nacional, o presidente dos pobres estava vendendo a alma ao diabo. Verissimo se declarava decepcionado com a adesão de Lula ao superávit primário... (Parece piada, e é, mas aconteceu). O país só se acalmou quando conseguiu interromper essa gestão virtuosa e abrir caminho para o maior assalto da história.

A ORQUESTRA DO FRACASSO

Aí sobreveio uma década de paz. Em meio à roubalheira e à depravação institucional não se viu nem passeata cenográfica pela educação.

Pega daí, caro leitor: boa equipe, chance de reconstrução, cara de nojo, decepção... Só continua chamando isso aqui de nação quem confunde rima com solução.

Nota antropológica: FHC e vários outros que combateram a praga nacional dos falsos virtuosos se mudaram para a orquestra da crise. Que lugar está reservado para esses personagens na história do Brasil? Pergunta no Posto Ipiranga. No caminho, veja esse desabafo de um solista da orquestra que captamos em outubro de 2019.

— A reforma da Previdência foi aprovada!
— Snif...
— Hein?
— Snif, snif...
— Você tá chorando?
— Snif, snif, snif...
— Mas esse não era o momento que você mais esperava?
— Snif... Era... Snif, snif...
— Então não estou entendendo. Você não devia estar comemorando? Nem lembro quantas vezes te ouvi dizer... Tava ficando até chato, na verdade. Enfim, você passava a vida dizendo que esse país não teria jeito sem a reforma da Previdência, mas que infelizmente você não acreditava que ela pudesse ser feita etc. Agora você...

— Eu sei! Cala a boca! Não precisa ficar me lembrando do que eu falei! Eu sei muito bem o que eu falei!!! Que saco!!! Snif, snif...

— Calma, não quis te ofender. Só me corta o coração te ver assim tão triste logo nesse dia tão sonhado por você...

— Cala a boca!!! Snif, snif... O que eu sonhei é problema meu! E se o teu coração tá cortado é problema seu!!! Snif...

— Claro, claro. Imagina. Cada um na sua. Mas você disse que o seu sonho é problema seu? Quero dizer: o seu sonho virou um problema pra você?

— Não é nada disso!!! Deixa de ser ignorante! Snif, snif... Tô triste, só isso! Tenho esse direito, ou até a tristeza vai ser censurada pelo fascismo agora?! Buáááá...

— Calma, calma. Vai ficar tudo bem. Essa tristeza vai passar...

— Não vai!!! Snif...

— Hein? Por que não vai?

— Porque eu não quero!!! Snif, snif, snif... E ninguém tem nada com isso, droga!!! Buáááááá...

— Tudo bem, tudo bem. Senta um pouquinho, toma aqui uma água com açúcar.

— Açúcar faz mal!!! Snif... Não quero essa porcaria!!! Snif, snif, snif...

— Poxa, também não precisava dar um tapa no copo... Olha só, molhou o tapete todo.

— Dane-se! Que se dane esse tapete e todo mundo! Snif...

— Ok, não vou mais te incomodar. Só me diz uma coisa antes de eu ir embora: o que te deixou tão triste nesse dia tão feliz?

— Não interessa. Snif...

— Se você me disser, talvez eu possa te ajudar...
— Foi o STF... Buááááááááá!!!!!!!
— O Supremo?!
— Snif... É... Snif... Ele mesmo... Snif, snif, snif...
— Mas o que foi que ele fez dessa vez?
— Acabou com a Lava Jato... Buáááááááááááááá!!!!!!!!!!
— Não! Poxa, era isso? Não acabou, não! Acabei de ver a Lava Jato dando uma blitz nos ladrões do Pré-Sal, descobrindo conluio de ex-ministro com banqueiro! Ela tá ótima, dez operações em um ano!
— Não tá nada! Acabou, acabou e acabou, que saco! Buááá...
— Batendo o pé assim nesse tapete molhado você vai acabar fazendo uma lama aqui...
— Não vou! Snif...
— Por causa do açúcar...
— Dane-se! Snif... Eu gosto de lama! Snif, snif... E se eu quiser ficar na lama é problema meu! Snif...
— Claro, entendo. Me permite só mais uma pergunta, sem te tirar da lama: por que você acha que o STF acabou com a Lava Jato?
— Porque ele anulou tudo! Tudo! Anulou! Anulou! Buááááá...
— Olha só: sem querer te contrariar, nem censurar a sua tristeza, nem cercear o seu direito à lama, não foi isso que aconteceu...
— Foi sim!!! Cala a boca! Foi sim e acabou! Snif, snif...
— Senta aqui, só um pouquinho. Lembra quando o STF fatiou inquéritos da Odebrecht pra tirar o Lula da Lava Jato de Curitiba?
— Lembro. Snif, snif...

— Pois é. Ali era o fim. O Lula jamais seria condenado, né? Mas foi. Também era o fim quando o STF se reuniu pra dar um *habeas corpus* impedindo a prisão do Lula no ano da eleição presidencial. E na eleição presidencial o Lula tava onde?
— Preso.
— Então se eles conseguirem aliviar o Bendine e mais meia dúzia com essa maracutaia agora, sabe o que vai acontecer?
— O quê?
— A Lava Jato vai tirar mais uma vez as cascas de banana do caminho e transformar a maior massa de dados da história do crime no país em novos processos e novas condenações. Vai ter bandido sendo condenado de novo com pena maior! E não vai mais poder pedir anulação com esse truque atual, não é lindo? Claro que outros truques virão, porque o STF é o STF... Mas a Lava Jato é a Lava Jato! Cinco anos de cana dura nos maiores tubarões do país, pô...
— É.
— Então pode comemorar a Previdência!
— Mas e as queimadas?
— Buááááááááááááááááááááááááááá!!!!!!!!!!!!!!!!!!!!!!

CAPÍTULO 13

O baile de máscaras da patrulha

A DISCUSSÃO SOBRE A TERRA PLANA PERDEU ESPAÇO. Quem passou a dominar o debate foi a Seita da Terra Parada. Ela prega o *lockdown* como redenção absoluta e transformou o "fique em casa" em bíblia.

Inicialmente quem circulava era herege. Aí a OMS disse que tem muita gente no mundo que se não circular morre. Como a Seita da Terra Parada se apresenta como salvadora de vidas, ela passou a adotar o "se puder, fique em casa". Ou seja: um dogma temperado com um eufemismo. Os que "não podem" ficar em casa circulam, portanto contrariam frontalmente a premissa dos fiquemcasistas sobre bloqueio do contágio e detenção da epidemia, portanto poderiam voltar para casa infectados, portanto poderiam infectar os que ficaram em casa — que por sua vez deveriam continuar repetindo "fique em casa" como salvação.

Como você já sabe, no mundo real que a Seita da Terra Parada renega, a história foi completamente outra. A hipótese da humanidade inteira trancada em casa deixando o coronavírus à míngua do lado de fora era uma fantasia e a pandemia se espalhou por onde quis. O contágio fácil e rápido do vírus nascido e criado na China logo mostrou que não haveria quarentena inexpugnável.

O achatamento da curva de infectados só aconteceu na cabeça dos especuladores do Imperial College de Londres e seus replicantes ao redor do planeta — como os abrigados no Instituto Butantã e na Fiocruz — que montaram projeções epidêmicas delirantes para depois poder dizer que o *lockdown* salvou vidas. Alguns se desculparam, outros decidiram mentir para sempre.

Os desprezados pela Seita da Terra Parada foram os grupos de risco. Estes jamais mereceram um único versículo nas escrituras paralisantes. Em Nova York, o índice predominante de infectados que precisaram de internação hospitalar estava na quarentena — ou seja, os integrantes dos grupos de risco adoeceram em casa. Isso porque ficar em casa nunca foi seguro de vida, sem um isolamento rigoroso dos vulneráveis em relação ao restante da população — confinada ou não.

Essa premissa elementar jamais esteve no centro da mensagem dos fiquemcasistas.

Em São Paulo, por exemplo, todos se cansaram de ver transportes públicos circulando com aglomerações. Se "não puder" não fique em casa e dane-se o resto? Onde estava a patrulha da bondade estatal e privada para organizar essa bagunça? Ela estava na quarentena vip chamando todo mundo de genocida. E fingindo que estava tudo bem no mundo encantado do "fique em casa", como se ele ficasse numa galáxia distante.

A diretriz que realmente poderia salvar vidas sempre foi distanciamento (e proteção pessoal) dos não vulneráveis e isolamento total dos vulneráveis. Mas isso virou tabu e a Seita da Terra Parada montou uma patrulha violenta contra quem falasse em circulação responsável.

O BAILE DE MÁSCARAS DA PATRULHA

Os terraparadistas condenaram à morte moral o time do Flamengo que jogou em junho no Maracanã fechado, com todos os protocolos de segurança sanitária atendidos e sem botar a vida de ninguém em risco. Seita é seita.

A patrulha furiosa dos fiquemcasistas estimulou vários tiranetes a saírem do armário. Ronaldo Caiado, por exemplo, mandou caçar um trabalhador em casa e levar para uma delegacia. Ronaldo Caiado é um governador de estado. A delegacia estava fechada pela quarentena, mas foi aberta especialmente para fichar o cidadão — ou, em português mais claro, para intimidá-lo. Para coagi-lo. Para ameaçá-lo.

O crime do cidadão foi repudiar a violência da polícia de Caiado contra uma trabalhadora, algemada e humilhada em praça pública por não estar trancafiada em casa. Ou seja: o governador de Goiás defende seus atos violentos usando a violência. É um homem coerente.

Esse tipo de ação brutal aconteceu em vários pontos do território nacional sob a justificativa de combater um vírus. No Rio de Janeiro, concretizando as ameaças públicas do governador Wilson Witzel de prender o cidadão que circulasse além do limite que ele deixava, a polícia arrastou de forma animalesca duas mulheres que andavam na orla.

Você está há anos vendo e ouvindo evocações constantes à ditadura militar como alerta para os perigos que rondam a democracia brasileira. Bolsonaro foi recebido como uma ameaça à democracia. Temer foi recebido como uma ameaça à democracia — as reformas trabalhista e fiscal foram denunciadas até no exterior como o início de uma guinada autoritária da elite branca e velha contra o povo (tinha a PEC do Fim do Mundo e outras pérolas).

Fernando Henrique Cardoso também foi recebido como uma ameaça à democracia — o Plano Real era um golpe neoliberal e a privatização da telefonia era um ato fascista, tudo em conluio com representantes da ditadura, como Antonio Carlos Magalhães. Curiosamente, após umas três décadas ouvindo a resistência democrática alertar para a volta da ditadura, na epidemia de arbitrariedades você ouviu o silêncio.

As duas cidadãs que foram barbarizadas pela polícia na orla de Niterói (RJ) ficaram gritando sozinhas. Os meganhas chegaram em velocidade e atravessaram sua viatura na avenida litorânea — trancando o trânsito como se estivessem na captura de um comboio de assassinos. Vários homens armados cercaram as duas mulheres — vamos repetir: vários homens armados — e as arrancaram do seu caminho à força para empurrá-las para dentro da viatura.

Essa cena brutal e ditatorial — de verdade, não de filme — não comoveu um único humanista de plantão. Não indignou um único ativista da resistência democrática. Não inspirou um único arauto do apocalipse fascista. Não revoltou uma única feminista. Ficaram todos caladinhos no seu confinamento moral assistindo aos arroubos de um tiranete e seus brucutus fardados, ou melhor, de vários tiranetes pelo país afora — governadores e prefeitos excitados com o estado de exceção viral.

Em Maringá (PR), os boçais legalizados e armados a serviço do tiranete local estrangularam no meio da rua, até o desmaio, um rapaz que lavava carros. Silêncio absoluto da OAB, da ABI, das ONGs, das Anistias, dos Maias, dos Observatórios, Human Rights e vigilantes associados. Todos os megafones ficaram com defeito ao mesmo tempo. Todos assistindo à brutalidade estatal e consentindo tudo do conforto de suas quarentenas conscientes.

O que terá acontecido com tanta solidariedade? Com tanto amor pela liberdade?

Vai aqui uma pista singela. Examine o que todas essas autoridades locais, entidades de classe e movimentos sociais estavam fazendo antes da chegada do corona. Antecipamos aqui o que você vai encontrar no Google: dez entre dez deles estavam tentando sabotar a agenda de reconstrução do país. Fazendo política (rasteira) enquanto fingiam defender a democracia contra o inimigo imaginário. Será que quem faz política rasteira fingindo defender a democracia é capaz de fazer política rasteira fingindo defender a vida? Isso você não vai achar no Google.

A paralisação sem precedentes das atividades econômicas e sociais gerou uma destruição abismal de valores materiais e humanos nas sociedades. O cenário de terra arrasada costuma ser fértil para os oportunistas e os parasitas. Mesmo a OMS, líder do alarmismo, informou que as frentes de contágio foram para dentro das casas. A FAO alertou para o risco da escassez de alimentos no mundo com o *lockdown* radical. Um cenário complexo trazendo vários dilemas — mas para os talibãs do confinamento total tudo sempre foi muito simples: não se mova.

A história não demorou a começar a esclarecer tudo isso. Mesmo com todas as estatísticas voadoras, que não distinguem mortos com COVID de mortos por COVID — o que é grave. Entre março e julho de 2020, o Brasil registrou cerca de 30 mil mortes a menos por pneumonia — todas registradas como COVID. Você acha que a letalidade da pneumonia caiu mais de 30% de um ano para outro?

A verdade não é tão fácil de enterrar. Mesmo com fotografias de covas no Brasil circulando o mundo com a mensagem falsa e criminosa sobre uma mortandade que não havia. Até um remédio para tratamento do coronavírus foi politizado e ideologizado de forma chocante. As mentes se infectaram gravemente. Esse tipo de epidemia não tem remédio no mercado — e nunca acaba bem.

* * *

OS SUPOSTOS HUMANISTAS E DEMOCRATAS QUE VIRAram patrulheiros obscurantistas com a chegada da pandemia já vinham dando sinais da sua sanha autoritária. E depois que ficou clara a excitação deles com o brinquedo de controlar a vida dos outros, ficou também mais fácil de entender as falsas polêmicas dos últimos carnavais. O baile de máscaras dos hipócritas é anterior ao vírus.

Essa tara começou a ficar visível nos militantes fantasiados de foliões — e sua obsessão de fingir que querem proibir a alegria dele (como se ele tivesse uma). Depois de todas as suas coreografias pós-*impeachment* para denunciar a volta do Brasil aos anos de chumbo — teve até passeata por diretas já — Caetano Veloso se juntou a Daniela Mercury para cantar que o Carnaval estava proibido. O obscurantismo teimava em não dar as caras no país, que vivia uma liberdade absoluta onde todo mundo falava o que desse na telha, mas eles não tinham nada com isso.

Se o fascismo não vai ao rebelde, o rebelde vai ao fascismo.

E lá vai o samba engajado no éter (não o que dá barato), pregando a rebeldia contra sua própria sombra e protestando contra a censura. Disso eles entendem. Daniela mandou Anitta calar a boca quando ela pediu que respeitassem seu direito de não fazer política na eleição. Ou melhor: Daniela mandou Anitta abrir a boca e fazer política — segundo a receita da corte que a protege, claro.

Anitta não precisa de panela corporativa para viver, mas obedeceu, que não é boba. Ela sabe que a brigada da democracia de auditório prende e arrebenta. Ninguém bate mais em ninguém, claro — só te bota na lista negra da corte, e aí o bicho pega.

O BAILE DE MÁSCARAS DA PATRULHA

Com o mesmo amor pela liberdade de expressão, Caetano Veloso criou um movimento para embargar biografias não autorizadas. Está no Manual do Covarde: é proibido proibir, desde que não estejam atrapalhando meus negócios e minha lenda. Ele também exerceu o espírito libertário incitando *black blocs* a descer o cacete em todo mundo (sendo a imprensa um dos alvos prediletos dessa diplomacia sanguinária) e, naturalmente, mantendo até o fim o seu apoio ao governo que submeteu a democracia ao maior assalto da história.

Mas foi uma graça vê-lo cantando com Daniela que o rosa e o azul servem para a menina e para o menino — e que estavam liberados no Carnaval para quem quisesse vesti-los. Alegoria é tudo.

Já a atriz Maria Casadevall conseguiu a proeza de encaretar o *topless* — protestando num bloco carnavalesco contra o obscurantismo que insiste em não a mandar se vestir. Depois pediu desculpas às mulheres por mostrar os seios sendo branca e famosa...

É isso aí: a censura é sua e você usa como quiser.

Será que chegou o tempo em que o maior fetiche é pular numa trincheira imaginária e guerrear contra o inimigo que você ama odiar? Valendo inventar e projetar nele as maldades que você adoraria que ele cometesse? Veja o diálogo a seguir num momento de tensão pré-natalina e tire suas conclusões:

— Estou te achando preocupado.
— Como você adivinhou?
— Tá na cara. Suas rugas na testa estão quase formando uma suástica.

— É, você me conhece mesmo. Capaz de saber até qual é a minha preocupação.

— A imagem do Brasil lá fora.

— Exatamente. Não tenho nem conseguido dormir.

— Entendo. Eu também estou assim.

— Sem dormir?

— Até durmo. Mas tenho pesadelos horríveis.

— Quais?

— Sonho quase toda noite que chego a Paris e a Greta descobre que eu sou brasileiro. Aí começa a berrar com aquele megafone mandando os patrulheiros dela me darem uma surra.

— Mas a Greta é sueca.

— Eu sei, mas os meus pesadelos são muito sofisticados. É como se tivesse um diretor de cena gritando "bota a garota em Paris pra dar mais dramaticidade". Aí eu apareço naquelas ruas imundas cheias de barricadas e fogueira por todo lado, que é o cenário do quintal do Macron.

— Grande líder.

— Grande estadista. Com tanto incêndio em casa, não sei como ainda arruma tempo pra panfletar... quer dizer, pra cuidar das queimadas na Amazônia.

— Ele também aparece nos pesadelos?

— Aparece... (snif, snif)

— Que isso? Tá chorando?

— (snif) ... desculpe. É que é horrível... (snif, snif)

— O Macron?

— É! Ele sempre vem com aquele biquinho nervoso, quase tocando na minha cara e repetindo sempre a mesma palavra.

— Que palavra?

— Bolsonarrô... Bolsonarrô... Bolsonarrô... Tipo uma obsessão, sabe?

— Fica calmo. Entendo essa obsessão. É a minha também.
— Bolsonaro?
— É. Só penso nisso. E a Greta está como eu. A Merkel também. E a Bachelet, o DiCaprio, o Incrível Hulk... Todo mundo só pensa em Bolsonaro.
— Fico mais tranquilo, achei que fosse só eu.
— Nada. Você não viu outro dia na TV aquela moça pedindo orientação ao filósofo sobre como falar de Bolsonaro na ceia de Natal?
— E o que o filósofo disse?
— Perguntou se ela não tinha outro assunto.
— Esses filósofos são muito despreparados.
— Amadores. Como pessoas inteligentes e modernas como nós podem se encontrar numa ceia de Natal e não falar de Bolsonaro?
— Seria um vazio insuportável.
— Pois é. A filosofia não está atualizada para dissecar os conflitos contemporâneos.
— Até porque o governo saiu fazendo reformas esperadas há muito tempo e ninguém merece encontrar um parente fascista pra lembrar isso.
— Cala a boca!
— Desculpe. Me descontrolei.
— Normal. Mas toma cuidado. Ainda mais nessa época de ceia natalina.
— Vou ficar atento. Se alguém vier me falar de Paulo Guedes e reforma da Previdência leva uma rabanada na cara.
— Isso aí. Não deixa fascista se criar, não.
— Pergunto logo pela imagem do Brasil lá fora. E já vou mostrando uma careta da Greta.

— Perfeito. Tem que ser duro mesmo com essa gente. E se alguém lembrar que o risco-Brasil caiu agora pro menor nível da década você diz que isso é conspiração da CIA contra os pacifistas e dá uma cusparada.

— Tranquilo. Ainda mostro uma foto da Jane Fonda algemada.

— Aí você já ganhou a discussão. Não precisa nem jogar outra rabanada.

— A Jane Fonda é tão corajosa que declarou que a Dilma Rousseff é símbolo mundial do poder feminino.

— Nessa época sim, a imagem do Brasil lá fora nos enchia de orgulho.

— Nem me fala. Lembra a Sonia Braga em Cannes defendendo as pedaladas da Dilma?

— Momento histórico. Todo mundo sabe que pedalar ajuda a salvar o planeta.

— E que a melhor afirmação cultural de um país é uma presidente que não completa uma frase, porque frases completas são uma caretice.

— Exato. Dilma desafiou o sistema com o seu pensamento inalcançável, portanto impossível de aprisionar.

— Me emocionei agora... (snif). É isso: Dilma representa a liberdade, um novo paradigma intelectual que não precisa da velha ordenação de palavras em frases, ideias, pensamentos, nada. Uma revolucionária.

— Que saudade. Vamos ver um filme cabeça pra relembrar esse tempo em que o Brasil esbanjava carisma no exterior?

— Será? Mas... E o Bolsonaro?

— Verdade... E o Bolsonaro?

— Tá vendo? Nem cinema a gente consegue ter mais.

— Maldito fascismo.

CAPÍTULO 14

Notícia boa é notícia escondida

ANÁLISE DE CONJUNTURA, COMO SE SABE, É UM ESPORTE radical. Especialmente para os que se arriscam no voo arrepiante das projeções. E quando surge no céu um dólar nervoso, aí é que as acrobacias arrojadas e os tombos espetaculares se multiplicam.

O ano de 2019 foi o maior encontro da história entre análise e vontade. Ou má vontade. O mercado apostou num projeto vencedor — que entregou o que prometeu. No entanto, quem for pesquisar algum trecho isolado do percurso, desde 1o de janeiro, terá frequentemente a impressão de que o mundo tinha acabado na véspera — ou iria se acabar no dia seguinte. Uma multidão de analistas de conjuntura sentenciava sem capacete que a reforma da Previdência subira no telhado — por falta de "articulação", por "desidratação" e alguns outros nomes que eles costumam dar para sua própria (má) vontade.

Claro que quem despencava a toda hora do telhado era um analista de conjuntura — ou um cacho deles — mas isso, como se sabe, não é notícia.

É também óbvio que numa conjuntura na qual a aposta é paga logo na primeira rodada, o mau humor jamais virá do próprio mercado — ou pelo menos não provocado pelos que pagaram a aposta adiantado e com juros. Mas o esportista radical é destemido e não olha para trás, nem para os lados: se joga para a frente com a fé de que o próprio salto será a sua sustentação... (confiança é tudo).

Antes mesmo da chegada da pandemia, o dólar começou a subir e os cientistas conjunturais se esbaldaram na coreografia: subiu porque o Lula foi solto e ia ter arruaça como a que estava acontecendo no Chile, porque o ex-presidiário "previu". Aí ninguém obedeceu ao Lula e o dólar subiu porque um filho do presidente falou alguma coisa. Aí o presidente desautorizou o filho e o dólar subiu porque o leilão do pré-sal não teve grana de fora. Aí a grana de fora entra em outras cessões/acordos e as desestatizações passam de R$ 100 bilhões, mas o dólar subiu porque o Paulo Guedes falou no AI-5. Aí fica claro que Guedes falou contra o AI-5 e o dólar subiu, porque Guedes disse que compreendia a subida do dólar...

Sem querer atrapalhar o salto mortal dos oráculos imortais, os dados associados à atividade do governo brasileiro eram os seguintes: juros na menor taxa da história, inflação em queda (nem aí para o câmbio), criminalidade idem, PIB e empregos em recuperação consistente, reformas cruciais em andamento (o oráculo que previu a inviabilidade da reforma da Previdência no primeiro ano sumiu — e ninguém sentiu falta dele).

Mas e o dólar? Sei lá, pergunta ao seu analista de conjuntura. Mas diz a ele que você só vai entender se ele te levar para uma volta ao mundo. De graça.

No passeio, você terá tempo de contar ao seu guru o que estava acontecendo no Brasil antes da chegada do coronavírus

— que chegou a ser festejada por gente culta como uma oportunidade de "depuração" da política nacional (nazistas são os outros). Explique ao seu guru que não foi nada disso.

Mas explique com jeitinho, usando os clichês da resistência cenográfica, para não o chocar. Pode ser mais ou menos assim:

Em 2019, a onda de ódio, obscurantismo e protofascismo mergulhou o Brasil nas trevas satânicas do Mal. Impôs-se sobre o país alegre e fagueiro que vivia sua doce pindaíba em perfeita harmonia com seus parasitas uma ditadura cruel e implacável de extrema direita. A seguir, um decálogo da ação hedionda dessa extrema direita:

1. **MENOR TAXA DE JUROS DA HISTÓRIA**
   Todo mundo sabe que juro baixo é coisa de nazista.

2. **MELHOR NATAL EM CINCO ANOS**
   Papai Noel obrigou o comércio a bombar, senão ia mandar todo mundo para o campo de concentração. O comércio obedeceu — e os consumidores também — porque ninguém é maluco de contrariar um Papai Noel desses.

3. **MENOR RISCO-PAÍS DA DÉCADA**
   Sabendo que com extrema direita não se brinca, porque eles *é mau que nem pica-pau*, o mundo disse que voltou a confiar no Brasil e que muito em breve devolveria a ele o grau de investimento — jogado fora pelo PT no auge da felicidade nacional. Uma reportagem investigativa há de mostrar que foi o Mourão que mandou o mundo confiar no Brasil com disparos em massa de WhatsApp.

4. **MAIS DE 100 BILHÕES DE REAIS EM PRIVATIZAÇÕES**
   Todo mundo sabe que a riqueza dos brasileiros vem sendo drenada por um Estado burocratizado e corrupto, mas ninguém imaginava que em um ano se pudesse tirar um peso desse tamanho das costas do contribuinte. Só o fascismo seria capaz de uma arbitrariedade dessas.

5. **CERCA DE 1 MILHÃO DE NOVOS EMPREGOS**
   Mais um indicador incontestavelmente de extrema direita. Botar as pessoas para trabalhar é coisa de ditadura.

6. **REDUÇÃO DA CRIMINALIDADE EM TODO O TERRITÓRIO NACIONAL**
   Outro absurdo perpetrado por essa ideologia obscurantista que solapa o direito do cidadão de ser roubado e fuzilado normalmente no caminho de casa para o trabalho e vice-versa, ou mesmo num agradável dia de folga. Não é mais segredo para ninguém que o governo endureceu a vida dos chefes de facção nos presídios, entre várias outras medidas que comprovam o endurecimento do regime.

7. **REFORMA DA PREVIDÊNCIA**
   Medida autoritária de extrema-direita que reabriu as perspectivas do país na marra, justamente no momento em que os brasileiros estavam quase conseguindo cancelar o futuro — essa entidade abstrata, duvidosa e traiçoeira que só serve para ameaçar as pessoas, porque todo mundo sabe que a vida é agora.

8. **LEI DA LIBERDADE ECONÔMICA**
Atentado miliciano contra o custo Brasil — essa entidade simpática e secular que sempre chupou o sangue do brasileiro com ternura e sem fazer mal a ninguém. Os vendedores de facilidades ficaram indignados e irão à ONU denunciar o massacre contra a burocracia nacional, patrimônio do país e fonte histórica de calorias para uma multidão de seres humanos com vocação para não fazer nada. Há o risco iminente de uma epidemia de novas empresas com crescimento do empreendedorismo e ninguém sabe onde isso vai parar. Basta de liberdade imposta goela abaixo.

9. **ABERTURA DA INFRAESTRUTURA**
As medidas despóticas de asfaltamento incessante de estradas, conclusão de ferrovias, concessão de portos e aeroportos, abertura da aviação com ameaça de passagens mais baratas, além da abertura de setores de energia como o do gás com a perigosa atração de investimentos privados provaram definitivamente que forças obscuras começaram a agir para melhorar a vida do povo sem pedir licença à corte dos parasitas — ou seja, atropelando a democracia de auditório.

10. **RECORDE NA BOLSA DE VALORES**
É típico fenômeno de extrema-direita o mercado de capitais sair dando saltos de prosperidade por aí. Provavelmente tinha algum fascista com um revólver apontado para a cabeça do mercado mandando-o bater recordes sucessivos em 2019. Essa violência não tem fim.

* * *

ADIVINHA COMO FOI A COBERTURA DA GRANDE IMprensa do decálogo acima? Acertou: grande destaque para a notícia do PIB de 1,1%. Já pensou se todo o espaço dado a essa notícia fosse também destinado à cobertura da menor taxa de juros da história? Não dá pra imaginar, né? Então vamos ser mais modestos: já pensou se a menor taxa de juros da história merecesse metade do espaço dado ao PIB de 1,1%? Continua difícil de imaginar, né? Mas sonhar é de graça, então vamos passear um pouco mais no mundo da imaginação.

Como seria se a repercussão da alta do dólar fosse a mesma que a da queda do desemprego em 2019? Ia ter gente sem nem saber a cotação da moeda americana...

Imagina se a infinidade de manchetes sobre a subida do preço da carne se repetisse um mês depois, quando o preço da mesma carne caiu... Ok, vamos fazer por menos: se a queda do preço tivesse merecido um terço das manchetes de quando a carne cara virou sinônimo de crise nacional. Parece delírio? Então vamos continuar delirando, que a carne é fraca.

Solte sua mente e tente pensar como seria se a carne — ainda ela, a vilã temporária de uma disparada inflacionária que não existiu — reaparecesse dominando o noticiário quando os Estados Unidos decidiram, depois de quase três anos, voltar a comprar carne brasileira. Como seria se essa decisão tão importante para a economia nacional fosse para o topo do debate sobre a... economia nacional — a exemplo do surto catastrófico de dois meses antes com a subida do preço da mesma carne?

Aí você vai interromper este delírio para advertir: deixa de ser burro! Quer comparar a monotonia de uma boa notícia com o charme da catástrofe?! Você tem toda razão, não dá nem pra saída.

Mas vai dar uma voltinha aí no jardim das cassandras em flor que nós vamos dar mais uma delirada aqui.

Imagina se a barulheira com a queda da bolsa tivesse acontecido durante um ano inteiro de recordes sucessivos na mesma bolsa? Aí você interrompe o passeio para explicar: só a queda faz barulho. Subida é silêncio — a não ser que bata no teto. Alguém poderia argumentar que a bolsa furou o teto em 2019, o que você rebateria com facilidade: teto é metáfora, chão é realidade.

Claro que 100 mil pontos na bolsa não é nem nunca será chão — mas ninguém aqui vai querer estressar a sua jardinagem fúnebre. Continuemos nosso devaneio sem querer ofender ninguém.

Lembra a mobilização do debate nacional em torno da notícia (falsa, mas isso é problema dela) de que a Amazônia estava desaparecendo numa progressão sem precedentes e escandalizando o mundo? Então tenta imaginar uma fração desse interesse para difundir que o mundo retomou a confiança no Brasil, como mostrou o menor risco-país da década. Difícil imaginar, né? Ok, nessa nós fomos longe demais.

Então vamos parar de imaginar e falar das coisas como elas são. O PIB tão comemorado pelos fracassomaníacos não revogou a realidade que eles deploram: antes da pandemia, todos os setores da economia tinham aumentado suas previsões de investimento e voltaram a contratar. As reformas fiscais, a queda dos juros e a desburocratização (Liberdade Econômica), que favorecem o empreendimento, já se refletiram no próprio PIB, com o aumento do crescimento do setor privado em relação ao setor público.

Todos os que arregaçaram as mangas para trabalhar duro contra os parasitas da nação têm de enfrentar a terrível epidemia do cassandra vírus.

Quer um exemplo desse parasitismo epidêmico? Aí vai: um procurador pediu ao Tribunal de Contas da União a abertura de investigação sobre prejuízos causados à economia nacional pelo ministro Paulo Guedes — por conta de sua fala que mencionou o AI-5 (mencionou como algo indesejável, mas claro que isso sumiu no noticiário). O referido procurador disse que o ministro da Economia fez o dólar disparar.

Cumpre fazer de saída um esclarecimento: isto não é uma piada. Ou melhor: é, mas foi sem querer.

A agenda positiva de Paulo Guedes entregou todas as metas fixadas por sua equipe para o primeiro ano de trabalho — inclusive metas ousadas, como a lendária reforma da Previdência. Aí vem o choque de realidade paleozoica: sim, o país ainda tem em seu serviço público, em áreas de alta responsabilidade — e com excelente remuneração — figuras carnavalescas como esse tal procurador.

Não o citaremos nominalmente apenas pelo singelo detalhe de que o objetivo de um procurador carnavalesco é procurar carnaval, como o nome já diz, e aí o melhor a fazer é economizar confete e serpentina para deixá-lo requebrando sozinho, sem música, sob as manchetes amigas.

A pirueta ridícula desse personagem nem mereceria qualquer comentário — por ser ridícula — mas, ainda que desprezível, ela tem sua importância: é uma representação alegórica do Brasil fisiológico que lutará com todas as suas forças contra a libertação do país. A agenda liberal fará sumir do mapa boa parte desses parasitas de boa aparência apadrinhados pelos populistas simpáticos que arrancam as calças do povo, que ninguém é de ferro.

A prova disso é que o primeiro-ministro Rodrigo Maia — aquele grande brasileiro que passa a vida tentando sabotar Paulo Guedes e depois vira pai das reformas dele — adotou o mesmíssimo discurso. Maia é um dos despachantes dessa casta perfumada e reacionária que dorme e acorda pensando naquilo: sabotar o governo.

Rodrigo Maia disse — em sua enésima tentativa de estigmatizar Paulo Guedes — que a fala do ministro era um fator de insegurança para o país e negativa para a confiança dos investidores. Pare de ler este texto, dê uma rápida volta ao mundo e pergunte em todos os continentes quem poria seu dinheiro sob a responsabilidade de Paulo Guedes e quem o poria aos cuidados de Rodrigo Maia.

Perguntou? Pois é. Conclusão: Rodrigo Maia dizer que Paulo Guedes afasta investimento é mais ou menos como o capim declarar que o sol ameaça a vegetação. Ficou claro? Admita que nunca foi tão fácil entender a fotossíntese.

O procurador semianalfabeto que resolveu usar o TCU para fazer sua panfletagem colegial contra o fascismo imaginário deveria ter sido punido. Um servidor público pago por você não pode fabricar uma premissa vagabunda — o AI-5 citado (e repudiado) por Guedes virar fator de pressão cambial não serve nem para samba-enredo. Muito menos com o intuito de transformar a obrigação de fiscalizar as contas públicas num arroubo de politicagem. O nome disso é contrabando.

Ninguém viu? Quem é que cuida da birosca?

Esse negócio de tráfico institucional já deu cadeia no Brasil — Lula foi condenado a mais de um quarto de século de prisão justamente por usar as instituições para enriquecer o seu bando — e isso foi só uma parte. A decisão do TRF-4 condenando o ex-presidente em segunda instância no processo de

Atibaia (e aumentando a pena em 5 anos) foi um recado claríssimo ao Supremo Tribunal Federal — que estava tentando melar esse processo na mão grande, com tramoias como a anulação do processo no caso Bendine, ex-presidente do BB. O sonho do STF é fazer os crimes da Lava Jato desaparecerem com uma varinha de condão.

O problema é que o Brasil real acordou e avisou nas ruas que a grana do cartel fez o diabo pelos seus prepostos — menos lhes dar uma varinha de condão. Entendam de uma vez por todas, prezados protozoários de butique: o truque não funciona mais.

CAPÍTULO 15

Lula, STF e o amor

CONTORNANDO O ANALFABETISMO ERUDITO DAS CRIAturas togadas e falando em português: a soltura de Lula mostrou que o STF quer revogar a prisão no Brasil.

Ou, mais precisamente, revogar a prisão para quem pode contratar bons advogados. Mas você não precisa ser da elite para participar da festa. Basta cometer crimes rentáveis que te deixem com bala suficiente para os honorários — porque a magnífica justiça nacional não vai querer saber de quem você roubou a grana.

No supremo circo da re-re-reavaliação da possibilidade de prisão após condenação em segunda instância, a OAB, leal concubina do PT, deu um show de motivos pelos quais o STF deveria soltar o maior ladrão do país — perseguido por roubar honestamente o povo. Só a fortuna torrada pela quadrilha petista com uma multidão de advogados milionários em uma década (desde o mensalão) já valeria a lealdade eterna da OAB. Mas os motivos eram ainda mais nobres.

Eles queriam soltar Lula para bombardear a Lava Jato, antes que o banho de justiça dessa operação impertinente chegasse ao STF — o que seria uma tragédia para toda essa alegre comunidade Lula Livre.

Os supremos companheiros disseram que não voltaram a julgar a prisão em segunda instância por conta de "um caso particular". É verdade. Lula já deixara há muito tempo de ser particular. Ele se tornou um bem público, patrimônio inestimável dessa elite nacional que sempre pôde viver acima das leis, numa boa — arrotando ética naqueles discursos afetados e engordurados como os cabelos de seus advogados empapados de gel.

Na real, é o seguinte: que papo é esse de prender os maiores empreiteiros do país, até então intocáveis, só porque eles privatizaram o Palácio do Planalto em sociedade com a quadrilha petista? Com quem essa Lava Jato pensa que está falando?

É claro que ninguém diz isso. A elite parasitária disse que queria Lula livre porque a MPB queria. A MPB disse que era porque a ONU queria. E todos eles disseram que a OAB falou que estava tudo certo. Enfim, toda essa charmosa corrente da hipocrisia nacional foi retroalimentada por sua própria verdade trans, que jura ter nascido equivocadamente no corpo de uma mentira cabeluda.

Mas o Supremo Tribunal Federal já não tinha decidido a favor da prisão após condenação em segunda instância? Já, mas isso não quer dizer nada. O melhor de ser uma corte avacalhada é justamente não precisar respeitar suas próprias decisões. Ao menos um pouco de lucidez no picadeiro.

O relator da matéria era Marco Aurélio — aquele que interrompeu a sessão do *habeas corpus* preventivo de Lula porque já tinha feito o *check-in*. Lula também já tinha feito o *checkout* — várias vezes, inclusive, mas essa linda coreografia foi atrapalhada ao longo de um ano e meio pelo miserável estado de atenção do povo nas ruas, exigindo o cumprimento da lei e a prisão do criminoso número um. Dessa vez, Marco Aurélio disse que a votação dos supremos companheiros colocaria o ladrão na rua.

Veja que cena sublime: o juiz relator da matéria em pleno processo de julgamento na corte máxima do país dando entrevista com palpite sobre o placar da decisão final do tribunal. Se você se sentiu à beira de um campo de várzea, você se enganou. Na várzea, juiz que vacila tem que correr mais que os jogadores e a torcida.

No planalto, juízes que vacilam são execrados pelo povo — e suas excelências já sabem o que é o calor popular na nuca. O país aprendeu com a Lava Jato que não existe malandro intocável, e aí não tem mais volta: pode dar rasteira e botar a mão na bola que o VAR vai botar cada delinquente sentadinho no seu lugar, que nem o Lula. Pode demorar um pouco — tecnologia nova... — mas vai.

Antes de ser solto na mão grande por seus supremos afilhados, Lula disse que não aceitaria usar tornozeleira eletrônica: "Não sou ladrão nem pombo-correio para usar tornozeleira". Foi uma declaração um pouco enigmática, mas logo os esclarecimentos surgiram.

O Sindicato dos Pombos-Correios soltou uma nota oficial confirmando que a instituição não aceita filiados ficha suja — já basta a porcariada no chão da praça. Já o Sindicato dos Ladrões, também em nota oficial, declarou que Lula continuava filiado e provavelmente estava negando isso por se encontrar inadimplente.

"Não vamos aceitar calote só porque Lula é a maior referência da nossa categoria", reagiu o presidente do Sindicato dos Ladrões. "É verdade que ele não está podendo ir ao banco pagar o nosso boleto. Mas por que não manda o Haddad, que não está fazendo nada?"

A nota do Sindicato lembra ainda que a instituição tem vários filiados em situação de inadimplência por terem gasto todo o produto dos seus roubos — e esses merecem a solidariedade da instituição. "Mas não é, absolutamente, o caso do Sr. Luiz Inácio da Silva", continua a nota. "Ele coordenou um assalto bilionário aos cofres públicos, e todos nos orgulhamos disso. Mas se formos abrir exceção para todo filiado multimilionário iremos à falência, que nem o Brasil depenado magistralmente pelo próprio Lula", argumentou a nota.

Procurado pela imprensa, o presidente do Sindicato dos Ladrões informou que sua posição sobre o caso estava integralmente exposta na nota oficial da instituição. Mas não se furtou a um apelo de viva voz:

"Não vamos anistiar o Lula. Se ele quer declarar que não pertence mais à nossa categoria, não vou negar que isso dói na gente. São muitos anos de cumplicidade e formação de quadrilha, muitos momentos felizes com o dinheiro dos outros, e essas coisas o ser humano não esquece. Mas nem tudo é festa. É preciso um mínimo de seriedade e compromisso com as instituições — e o Sindicato dos Ladrões, como todos sabem, é uma instituição milenar. Então não tem conversa. O companheiro Lula está cansado de saber que aquela lei dos cem anos de perdão já foi revogada há muito tempo. Hoje, ladrão que rouba ladrão tem que pagar. Pague ao Sindicato os boletos em aberto, Sr. ex-presidente."

Questionado se não estava sendo rigoroso demais com o membro mais ilustre da categoria, o presidente do Sindicato encerrou:

"Não tenho nada pessoal contra ele. Mas é que, no nosso meio, se não cobrar com energia, ninguém paga. É da nossa natureza, entende? O Lula é um ídolo, mas é muito evasivo. Se alguém cobra alguma coisa dele, já monta um teatro, faz uma quizumba, joga areia nos olhos da plateia e sai de fininho. Então estou avisando: não vai adiantar chamar a ONU, a *Folha*, o *El País* ou o papa pra contar história triste. Lula, sabemos que o seu sol está nascendo quadrado, mas sabemos também que o seu boi está na sombra. Portanto, pare de reclamar e pague o que deve."

Em *off*, o presidente do Sindicato dos Ladrões acrescentou que acha essa história da tornozeleira uma grande bobagem. Segundo ele, Lula sabia que não iria precisar de tornozeleira nenhuma, por estar condenado a mais 12 anos no processo de Atibaia — e a menos que conseguisse comprar todo mundo na segunda instância, sua pena de reclusão seria confirmada. Fora os outros seis processos nos quais é réu. Sem maracutaia no STF, é cana.

"Esse papo de progressão pro semiaberto é só pra animar os moradelaços e os festivais Lula Livre", explicou o sindicalista da ladroagem, arrematando em tom confessional: "O que seria da nossa categoria sem os trouxas?"

* * *

UM DOS CAPÍTULOS MAIS INCRÍVEIS DA EPOPEIA DE soltura de Lula foi uma armação chamada Vaza Jato — pantomima subterrânea transformada em "jornalismo investigativo" pela grande imprensa marrom. Usamos aqui as mesmas técnicas dos arapongas do bem para simular, quer dizer, reproduzir os bastidores:

— E aí, já falou lá no Supremo?
— Sim, a Lula ser inocente e vai estar solta amanhã.
— Que bom. E na Câmara? Tudo certo?
— Eu só ter dúvida se amigas da PT ir botar tapete vermelha pra eu.
— Não exagera. Já tem um palco lindo pra você brilhar e uma imprensa meiga pra te dar todas as manchetes como jornalista investigativo. Se melhorar, estraga.
— Você pensar pequena. Eu querer poder e grana, mas querer prêmia também.
— Vamos focar: o que você vai falar na Câmara?
— Que a Moro ser chefe do Lava Jato e que isso desmascarar esse operação contra a Lula.
— Deixa só eu te passar uma informação que a gente interceptou aqui: tá saindo um acordo de leniência com devolução de mais de 800 milhões de reais roubados da Petrobras...
— Essa problema não ser minha...
— Claro que não. Mas é coisa da Lava Jato, podem querer te perguntar sobre isso.
— Elas não vai perguntar de isso.
— Como você sabe?
— *Darling*, nós só lidar com duas grupos de gente: as comparsas e as otárias. As duas só ir repetir até morte minha mantra: Lavo Jata ser armação pra *fuck* Lula.
— Gênio. Mas só pra te alertar que dessa vez a Lava Jato conseguiu que os sócios da gangue do Lula indenizem também o governo dos Estados Unidos...
— Minha país ser fascista e estar nas mãos de uma fascista que gosta da Lavo Jata, porque ser operação fascista também.
— Incrível, você tem tudo mesmo na ponta da língua.
— Jornalista investigativa ter que saber muita.

— Não te preocupa o STF dar defeito?
— Que defeita?
— Desistir de botar em votação a liberdade do Lula.
— Ser ruim, hein?
— Sei não. Uma coisa é tu combinar uma gambiarra dessas no escurinho, outra coisa é botar o carão ali no plenário da suprema corte e mandar uma barbaridade dessas sem cair na gargalhada.
— Elas não ir cair no gargalhada. Elas ser triste, igual nós. Todas que vive fingimento ser pessoa que não é e lutar luta de mentira não rir nunca.
— Pô, também não precisava ser tão sincero... Que baixo-astral.
— É isso que eu te falar a tempo toda: ser sincera é uma baixo-astral. Melhor ser triste mentindo que ser muito triste falando verdade.
— Agora você falou tudo. Seu português até saiu legal... Aliás, tava pra te perguntar: tanto tempo por aqui, por que você continua falando português como se tivesse chegado ontem?
— Não ter tempo, muito sabotagem pra inventar. E linguagem do *fake news* ser universal, não precisar aprender esse língua chato.
— Tá certo. Lula também nunca aprendeu. Lula livre!
— Não precisar dessa gritinha ridícula, só ter nós duas aqui.
— Ah, é. Foi mal.

O QUE ACONTECEU DEPOIS DISSO, VOCÊ SABE: O STF não conseguiu soltar Lula com jeitinho, todas as gambiarras jurídicas foram desmascaradas, e a suprema corte acabou mudando sua própria decisão sobre prisão em segunda instância para, enfim, libertar na mão grande o seu ladrão preferido. Repleto de gratidão, Lula saiu por aí para se encontrar com todos os parceiros que fingiram que a prisão dele foi perseguição política. Segue um trecho do diário de viagens do ex-presidiário:

Querido diário, você não vai acreditar. Sabe de onde eu tô saindo? Do Vaticano, camarada! Abençoado pelo papa! Quer dizer: muito mais que isso. Abençoar, ele abençoa uma porrada de gente. Eu tô saindo de uma REUNIÃO com o papa, querido diário. Reunião contra as injustiças sociais! Não é lindo?

Porra, fala sério: quem tinha razão era o Obama. Eu sou o cara! Vou te confessar: até hoje eu ainda tinha um pouquinho de dúvida. Mas agora acabou: roubei um país inteiro, enchi de grana os meus filhos, os meus amigos, os meus correligionários e os meus donos (e os meus bolsos, que não sou otário) e tô aqui, no Vaticano, abençoado pelo papa! Sou ou não sou o cara?

E esse papa, que tem até filme dizendo que ele é bonzinho mesmo, tá rindo do meu lado na foto que o mundo todo tá vendo agora. Chupa, Moro! Tu achou que eu só tinha o STF, a OAB, a MPB e a PQP? Perdeu, fascista! O papa é meu! Ahahaha. Vou ligar agora pro Marcelo Odebrecht e avisar que vocês vão tudo pro inferno. De repente arrumo até uma obra pra Odebrecht aqui no Vaticano. Vou falar pro companheiro Francisco botar um estádio que nem o do Corinthians ali naquela praça, que não tem porra nenhuma lá. O papa é argentino, mas é gente boa. Se eu mandar fazer um Itaquerão aqui, ele vai querer me canonizar na hora.

Mas eu não quero isso, não. Canonizar pra quê? Eu já sou santo na *Folha*, na ONU, no Oscar... Tá mais que bom. Prefiro que ele bote o meu nome no estádio. O Monumental do Lula. Basta isso, não quero muita coisa, não. Quer dizer: vou falar pro Marcelo botar uma estátua minha na entrada. É o mínimo. Talvez eu nem precise pedir. Lá no sítio foi assim, um dia eu cheguei e tava lá os pedalinhos com o meu nome. Você vê o que é a sensibilidade de um empreiteiro sério.

O problema aqui é que o Francisco é orgulhoso pra cacete e vai querer estátua também. Vou ter que falar pro Marcelo aumentar o orçamento. Estátua de papa é caro. Quero ver os menudos da Lava Jato reclamarem. Mando logo excomungar. Agora o papo é outro, fascistada. Fica aí com as leizinhas de vocês que agora eu tô com a lei divina. Ajoelha pra falar comigo, seus ratos.

Se parar de graça pro meu lado eu até arrumo ingresso pra vocês quando o Corinthians vier jogar aqui no Vaticano. Se vocês arquivarem meus dez processos, arranjo passagem e hotel também.

Mas vou logo avisando que aqui é tradição, não é essa zona daí, não. Quando passar pela minha estátua tem que parar, juntar as mãos e agradecer. Logo depois da minha vai ter a do papa. Pode agradecer também. Se se distrair não tem problema, porque quem mandou fazer o estádio fui eu. O Marcelo ajudou, mas tu acha que ele ia arrumar essa obra se eu não fosse abençoado pelo homem?

Acho até que vou voltar lá agora e falar logo com o companheiro Francisco sobre o Itaquerão da Santa Sé. A gente perdeu muito tempo falando de injustiça social, fome, ódio... Vou te falar que pra mim, aqui na minha maneira de ver, foi até uma pauta meio equivocada pra um momento de tanta felicidade. Aqui é tudo assim meio pra baixo, com todo o respeito.

Sua Santidade tinha que ver como era o Palácio do Planalto na minha época. Tá aí, vou trazer um pouco dessa alegria pra cá.

Dilma, Gleisi, Erenice, Rosemary... Vou dar uma sacudida nisso aqui. Na minha opinião, o Francisco tá de saco cheio. Não viu ele distribuindo tabefe por aí? Conheço o ser humano, tá precisando de uma tumultuada.

Vou botar logo Maria do Rosário na comissão de frente. Aí vem MST, CUT, aquele fanfarrão do PSOL que não é ex-BBB, mas tem muito mais presença que o Wyllys, que só cuspia. Enfim, uma rapaziada alegre pra fazer o esquenta, aí vai todo mundo encher a cara no Itaquerão. Duvido que depois disso o Francisco não pare de dar tapa nos outros.

Vou quebrar essa pra ele, porque esse cara também sempre me ajudou. Foi ele que começou com aquela história de que o *impeachment* da Dilma era golpe. Foi emocionante ver um papa cancelando a visita ao Brasil pra reclamar da perseguição que tirou a nossa quadrilha do palácio. Na época, ele declarou que tava "triste"! Ahaha. É gênio.

Ah, não posso esquecer de falar pro Marcelo construir uma passarela direto do palácio do papa pro Monumental do Lula. Já pensou? Eu e o Francisco andando por cima da multidão toda espremida — ele acenando pros fiéis e eu acenando pra Fiel? Dois papas! Aí sim a gente leva a estatueta. Vou ligar pra Petra.

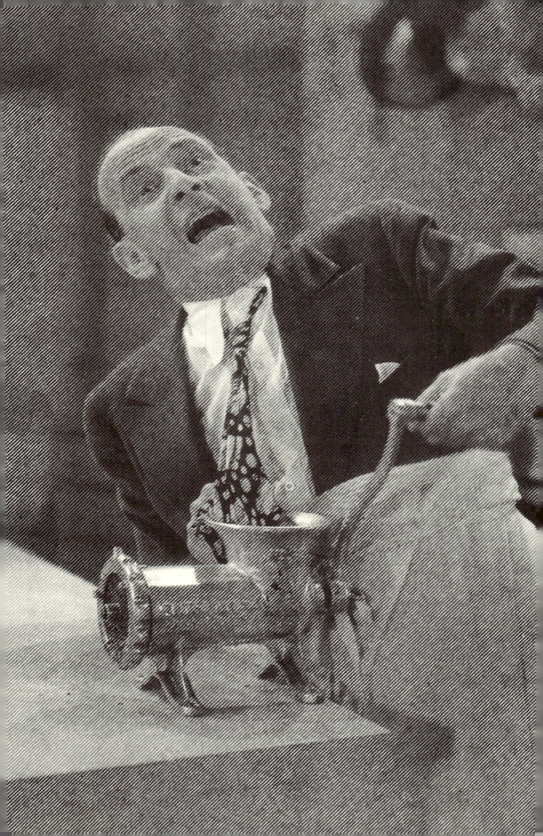

CAPÍTULO 16

Operação Carne Fraca

EM PLENA PANDEMIA, SERGIO MORO FICOU ESTRANHO. O ministro da Justiça que rebatia com firmeza e serenidade as inúmeras tentativas de fritura, as incontáveis *fake news* dando conta de que ele estaria fora do governo no dia seguinte, passou a agir de forma inusitada. Enquanto governadores e prefeitos mandavam bater e prender cidadãos — num surto autoritário fantasiado de segurança sanitária — Moro posava nas redes sociais soltando frases de efeito sobre prudência e empatia.

O líder espartano da Lava Jato estava diferente.

Um dia, Sergio Moro convocou uma coletiva e anunciou que estava fora do governo. Nem o presidente da República sabia da decisão bombástica do seu ministro da Justiça. E a surpresa era especialmente bombástica porque Moro saiu atirando, ao vivo, em Bolsonaro — acusando-o de manipular a Polícia Federal, algo que o próprio Moro negara um mês antes. Mistério.

Os veículos de imprensa que passaram mais de um ano fritando o ministro da Justiça agora tinham na primeiríssima hora todas as informações sobre a "denúncia" — até cópia de conversa de WhatsApp de Moro com sua afilhada de casamento, aliada de Bolsonaro. O ex-juiz tinha montado um espetáculo para explodir o governo.

Pouco tempo depois, surgiu a notícia de um telefonema do governador de São Paulo, João Dória, para o ministro da Economia, Paulo Guedes. Dória dizia que com a saída de Sergio Moro o governo tinha acabado. E convidava Paulo Guedes a abandonar o barco também. Guedes agradeceu o convite, mas recusou.

Teria sido Moro convidado também? Mistério. Vamos nos concentrar nas vozes reverberantes do escurinho da quarentena para ver se captamos alguma coisa:

— Olá, doutor.
— Olá.
— Achei que não se importaria se ligasse direto pro seu celular.
— Já ligou, excelência. Qual é o assunto?
— O senhor está bem?
— Estou. E o senhor?
— Se melhorar, estraga.
— Qual é o assunto, excelência?
— Doutor, o senhor está bem mesmo? Quero dizer, está satisfeito com o seu trabalho?
— Nunca estou satisfeito. Acho sempre que posso fazer melhor.

— Imaginei. O senhor não está tendo as condições necessárias para fazer o seu trabalho.
— Eu não disse isso.
— Claro que não, doutor. O senhor jamais diria isso. Por isso estou dizendo pelo senhor.
— Qual é o assunto, excelência?
— É esse mesmo. O senhor poderia estar satisfeito em outro lugar.
— Estou no lugar em que quero estar.
— Eu não esperava ouvir outra coisa do senhor, doutor. Nem eu, nem os meus parceiros que têm planos bem maiores para o senhor. Sabemos que o senhor também tem. O problema é deixar passar a hora certa.
— Como assim?
— O seu chefe já era. Vai ficar se arrastando em público, morto-vivo. O senhor é muito melhor que ele, mas não pode se deixar associar demais a essa figura... Como direi? A essa figura lamentável. Saia enquanto é tempo e garanto que terá tudo aos seus pés.
— Excelência, não estou à venda.
— Claro que não. Sei muito bem disso. O senhor não tem preço. Nossos parceiros jamais investiriam em alguém que estivesse à venda.
— Que parceiros?
— Ora, doutor. O senhor sabe... Parceiros generosos que serão seus também. Basta o senhor querer.
— Meus parceiros são a minha equipe de trabalho.
— Sem dúvida. No meio do fogo cruzado, apanhando da grande mídia, tendo que matar um leão por dia em defesa de um monte de gente anônima que jamais vai te convidar pra uma festa numa cobertura em Ipanema ou te condecorar na ONU pra

você chegar em Davos como um rei, paparicado pela imprensa internacional e pelos milionários dispostos a turbinar quantas ONGs você queira criar. Sabemos que o senhor pensa grande, está cansado dessa jornada de peão ao lado de um bando de brucutu e sabe que isso não é vida.
— Vida é missão.
— Tá bom, doutor. Preciso desligar, porque estou atrasado pra uma reunião.
— Fica um pouco mais.
— Ah, agora sim. Pedindo com jeitinho eu fico.
— Tenho me sentido tão só.
— Desenvolve.
— Ninguém me compreende.
— Certo. E o seu chefe?
— É rude e não me dá condições satisfatórias de trabalho.
— Tá pouco.
— Autoritário.
— E a democracia?
— É contra.
— E a corrupção?
— É a favor.
— Ah, melhorou. Então você não aguenta mais e quer denunciar esse descalabro em nome da lei?
— Quero.
— Não ouvi.
— Quero!
— Coisa linda. Sabia que poderia confiar em você.
— Estamos aí. Vida é missão, por isso é que...
— Chega, parceiro. Já passamos dessa parte.
— Tem razão, me confundi.

— Não tem problema. Na sua nova vida você nunca mais vai precisar repetir esse texto. Basta fazer tudo direitinho.

— Tá. E eu vou ter uma imprensa que nem a do Rodrigo Maia?

— Pode me cobrar. Você vai ser praticamente o novo Rodrigo Maia.

— Poxa, obrigado pela oportunidade.

— Você merece. Teve que aturar muita gente chata na vida, agora é a hora de desfrutar.

— Oba!

— Só mais uma coisa.

— O quê?

— Estou me aproximando de um grande brasileiro que apreciaria muito um gesto seu.

— Que brasileiro? Que gesto?

— O Lula. Se importa de pedir desculpas a ele?

— Problema nenhum.

— Tá. Diz que o governo dele era mais democrático que o atual, e fica tudo certo.

— Fechado. Chega de fascismo.

— Viva a resistência democrática.

— Viva!

HENRIQUE MANDETTA (SE NÃO LEMBRAR QUEM É, VAI no Google) surpreendeu zero pessoas ao classificar a si mesmo como presidenciável. Ou talvez uma meia dúzia ainda estivesse achando que aquele personagem de coletinho e topete falando pelos cotovelos na televisão umas 24 horas por dia era ministro da Saúde. Para quem não se lembra (estamos aqui pra isso), a verborragia salvacionista do suposto ministro chegou a considerações sociológicas sobre a condição humana dos traficantes de drogas. Droga pesada é um homem usar pandemia como palanque.

Assim nasceu o autopresidenciável. Pelo menos os verdadeiros propósitos saíram do armário. Mas esse armário sempre foi transparente para quem não se recusou a olhar para ele. Quem olhou, viu de tudo. Viu previsões levianas sobre projeção da epidemia, um pico móvel que estava sempre um pouco adiante — mais ou menos ali na linha do horizonte, onde 2022 se encontra com os oportunistas. No registro civil, o ponto mais alto de óbitos por coronavírus no Brasil foi em maio, mas o pico do Mandetta era uma instituição comprometida com o futuro.

Ia faltar respirador (sobraram superfaturados), ia faltar leito se a população não se enfiasse toda em casa — e de casa começou a vir o maior número de infectados para os hospitais, como demonstraram os dados de Nova York e da própria Organização Mundial da Saúde. Claro que o ministro presidenciável não fez esse levantamento — ou você dá entrevista, ou você trabalha. Gente que praticou quarentena severa pegou o vírus, porque ele (o vírus) não ouviu o discurso do Mandetta e já estava por toda parte quando o confinamento começou.

O famoso achatamento da curva pelo *lockdown* místico não achatou nem o topete do homem do coletinho — que continuou botando a culpa da sua demagogia eleitoreira na ciência.

Num show de coerência, depois de passar mais de um mês pregando diariamente que todas as pessoas se isolassem totalmente umas das outras, Mandetta se despediu do cargo de ministro da Saúde jogando às favas seu isolacionismo e saiu abraçando seus auxiliares sem máscara em ambiente aglomerado. Viu como ele estava preocupado com vidas?

A cena está eternizada para quem quiser revisitar o monumento à hipocrisia — peça central da campanha Mandetta 22, com narração do próprio candidato sobre as imagens eloquentes: "Olá, esse aí sou eu, Henrique Mandetta, brincando de ministro da Saúde para tripudiar do pânico geral no meio de uma pandemia". Tá eleito.

Ao tirar sua politicagem do armário, Mandetta enunciou uma chapa com Sergio Moro. De fato, uma chapa perfeita. Depois de fazer história liderando a operação Lava Jato, Moro resolveu ser Mandetta na vida. Em plena pandemia, com os cidadãos apanhando na rua a mando dos tiranetes de *lockdown*, o então ministro da Justiça resolveu se dedicar à internet com mensagens de autoajuda sobre prudência — na situação acima descrita que logo deixou de ser enigmática: Sergio Moro estava fazendo política contra Bolsonaro (o chefe do governo a quem ele servia), com a mesmíssima sutileza de elefante adotada por Mandetta para se contrapor à postura do presidente contrária ao *lockdown*.

Moro e Mandetta, os estrategistas da política, inauguraram a figura do ministro de oposição. Não deixa de ter um apelo exótico — ainda mais no meio de uma pandemia com uma nação inteira em pânico.

Abandonaram o barco e viraram contadores de óbitos, entre um e outro "se cuida". Um amor. Os motivos alegados por ambos para se opor e romper com o governo continuaram boiando no ar à espera de comprovação. Mas quem confunde circo com ciência não precisa comprovar nada.

Como se vê, a butique da renovação política pode fisgar desde um aventureiro, como Mandetta, até um ex-herói, como Moro. Infelizmente, o espírito público que uniu os que fizeram história na operação Lava Jato não é um dom infalível. O procurador Deltan Dallagnol é outra prova disso. Ele apareceu fazendo propaganda de uma dessas incubadoras de políticos modernos.

Deltan disse que acredita nos candidatos que se apresentarem a partir da formação naquele determinado movimento de renovação. Deltan tem todo direito de fazer isso. Naturalmente, quem acha que o tal movimento não tem a consistência que Deltan lhe atribui, irá automaticamente rever a consistência que atribui a Deltan. Cada um na sua.

Não se sabe até onde irá a "renovação política" proposta pela ONG que o procurador resolveu divulgar. A vitrine pelo menos parece atraente: jovens simpáticos de boa aparência discursando contra a "desigualdade" num português impecável, gente rica explicando a importância de ajudar os pobres, estrelas de auditório dando telecurso de democracia. Dá vontade de embrulhar tudo e levar pra casa.

O Brasil deve muito ao trabalho de Dallagnol na força-tarefa que capturou a maior quadrilha da história da República. A partir de uma linha de investigação de lavagem de dinheiro aberta e estimulada por decisões do então juiz Sergio Moro, a Lava Jato demonstrou que Lula e seu bando venderam o país a um cartel de empreiteiras — montado e regido pelo PT de dentro do Palácio do Planalto.

A ação da força-tarefa foi especialmente difícil pela blindagem "cultural" erguida em torno do populismo petista. E tragicamente, depois que a quadrilha foi afastada do palácio, Dallagnol se encantou com a elite culta que blindava seus denunciados.

Após o *impeachment* de Dilma Rousseff, essa elite culta se associou ao impostor Rodrigo Janot, então procurador-geral da República, para tentar dar um golpe de estado a partir da montagem de uma farsa fantasiada de delação do empresário Joesley Batista, enriquecido pelo PT. A delação criminosa, que seria suspensa após a divulgação de um áudio do delator evidenciando a armação, foi amparada numa homologação *fast-food* do STF.

Deltan Dallagnol achou, ou quis achar, que essa conspiração tosca operada por Janot era o novo capítulo do combate à corrupção no Brasil. Janot usou o nome da Lava Jato em vão e Deltan embarcou no engodo.

Essa conspiração custou ao Brasil o adiamento da reforma da Previdência, entre outras medidas urgentes que estavam em andamento após a ruína deixada pelo PT. E foi apoiada por vários personagens dessa elite "ética" que investe no tal movimento de "renovação política" avalizado por Dallagnol.

O jovem procurador começou seguindo o padrão virtuoso do juiz Sergio Moro na Lava Jato. Depois se encantou com a escola carnavalesca de Rodrigo Janot, onde se brinca de ética com vista para o mar. Aí o padrão Moro passou a fazer esquina com a charanga do Mandetta — um Janot de topete e sem franja. Alguém precisa avisar a esses renovadores que a demagogia é a instituição mais velha da política mundial.

CAPÍTULO 17

Democracia sem povo

A RESISTÊNCIA DEMOCRÁTICA PERDEU A PACIÊNCIA E resolveu falar grosso — exigindo que o presidente da República fechasse o Congresso Nacional. Acompanhe a seguir o desabafo dos guardiões da democracia:

Para de embromar, Bolsonaro. Nós, da resistência democrática, não aguentamos mais. Já tivemos que engolir Reforma da Previdência, Lei da Liberdade Econômica... Liberdade, companheiro? Tá de sacanagem com a nossa cara? Que porcaria de fascismo é esse?

Quer reformar? Tudo bem. Mas mete um decreto! Manda os militares dizerem no grito que mudou a lei e fim de papo. Aí vocês vêm e discutem tudo democraticamente com o parlamento... Vocês acham que ninguém tá vendo? Vocês acham que um insulto desses vai passar batido pra nós, vigilantes incansáveis da patrulha democrática?

E como fica a imagem do Brasil lá fora? Quem vai respeitar um autoritarismo que respeita as instituições — e ainda por cima permite que todo mundo fale o que bem entende?

A ONU, o Macron e as ONGs estão de saco cheio de falar de girafa. Você quer que a gente viva de quê, Bolsonaro? Você acha que o nosso estoque de *fake news* é infinito? Pensa que notícia falsa cai do céu? Não é assim, não, companheiro. Isso dá trabalho.

Se coloca no lugar de uma Cassandra cansada de guerra que precisa dar dez piruetas intelectuais e mandar ver no rebolado jornalístico pra dizer que você está montando um ataque ao Congresso Nacional. Como a gente pode fazer o nosso trabalho em paz com um autoritarismo frouxo desses que nos obriga a falar tudo por ele?

Basta. Chega. Não dá mais. O escândalo eleitoral por si só já seria suficiente pra encerrar a nossa tolerância com esse governo. Qual era o certo pra uma candidatura fascista? Botar as milícias pra obrigar o povo a votar no candidato fascista, correto? Então olha o absurdo: deixaram a população votar por ela mesma! Pela própria consciência!

Diante dessa falta de manipulação escandalosa, a gente foi obrigado a inventar uma milícia de WhatsApp e anunciar que a eleição de 2018 foi o Golpe das Tias. Olha o papelão que esse fascismo inoperante nos obrigou a fazer logo de saída. Brincadeira.

Tudo bem, deixamos o governo tomar posse. Demos um voto de confiança ao fascismo — com fé de que ele não ficaria no marasmo e logo sairia arrebentando as minorias e todo mundo que não fosse branco hétero. Outro vexame: a violência caiu em todas as faixas da sociedade no primeiro ano de governo.

Vocês têm ideia do tamanho desse trauma? Por acaso calculam quantos humanistas de butique tiveram que se sacrificar fazendo cara de paisagem, cerceados no seu trabalho de contar história triste e fermentar o inimigo imaginário? Chega de dourar a pílula: o nome disso é censura!

Mas o Bolsonaro não quis saber e continuou afrontando as leis — mantendo no cargo ministros que a imprensa demitiu, o que configura flagrante crime de responsabilidade contra o direito à conspiração. Como disseram os maias, molons, moluscos e parasitas associados: quem vai parar esse fascista? Ou melhor: quem vai trocá-lo por um fascista de verdade fantasiado de democrata, materializando enfim o fetiche da resistência de boa aparência?

É grave a crise. Depois desse desabafo, os progressistas de auditório se reuniram numa junta supraparasitária para decidir quem vai de madrugada pichar umas suásticas no Congresso — de forma que os vassalos do Lula no STF possam dar uma liminar aos liberaloides proibindo manifestações populares. Eles garantem que assim a democracia no Brasil estará salva.

Essa concepção moderna dos liberaloides sobre as passeatas é uma joia. Em nome da democracia, está decretado que uma manifestação de rua — ou, mais precisamente, a ideia de uma manifestação de rua — é autoritária. Nunca se viu nada parecido em tempos democráticos. A rua agora tem dono, que decide quem pode sair de casa. Fascistas são os outros.

Nem Lula, que depenou o país e tentou transformá-lo em quintal do PT, ousou atacar a legitimidade de qualquer manifestação no país — fossem meia dúzia de gatos pingados mandando-o ir para Cuba ou milhões de pessoas pedindo o *impeachment* de sua sucessora. Você jamais ouviu de Lula — de Lula! — uma palavra contra o direito de qualquer pessoa sair à rua para se manifestar sobre o que bem entendesse. Podia dizer que era coisa da elite branca etc., mas jamais sequer alegou que um ato de protestar em público era expressão de autoritarismo.

Nem Fernando Collor de Mello, talvez o governante mais prepotente que o país já teve, vendo um número cada vez maior de pessoas ocupando as ruas pela sua queda, jamais se atreveu a dizer que havia algo de autoritário ou antidemocrático nas manifestações. E olhem que entre os manifestantes havia gente como José Dirceu, Lindbergh Faria e outros famosos impostores — o que não tirava a legitimidade do movimento popular que levou, de forma democrática, ao *impeachment* dele.

Pois bem. Essa democracia que já sobreviveu a prepotentes e larápios tem agora uma novidade quente: personagens que sempre se disseram liberais aparecem dizendo que a manifestação A pode, mas a manifestação B não pode. Como não têm coragem de dizer que não pode, dizem que um determinado ato público — que eles não poderiam saber o que é antes de acontecer — contém motivação autoritária; que pode ser um golpe contra as instituições; que é mais democrático ficar em casa.

Como eles sabem de tudo isso? Nem Dilma Rousseff, a famosa vidente que previu os tiros contra a caravana de Lula em 2018, ousou insinuar que qualquer das inúmeras manifestações de rua contra ela desaguaria num golpe institucional. Sendo que mesmo ela — Dilma, a única —, espalhando por aí até hoje que foi vítima de um golpe, jamais se atreveu a sugerir que as manifestações de rua fossem, em si, uma orquestração autoritária.

Nem Dilma Rousseff teve a petulância de intervir nas intenções alheias, de decretar qual protesto é legítimo ou não é.

Agora o mais grave (sim, é pior ainda): esses novos democratas de butique viram muito bem a agenda de reformas — que eles sempre defenderam — em implantação (da forma que eles sempre pediram) e sob risco de sabotagem. Não por divergência de mérito, mas por disputa de poder. E quando surgiu a iniciativa de pressionar o Congresso contra a sabotagem da agenda que eles sempre pregaram, de que lado eles ficaram?

Acertou, seu danado. Ficaram do lado da sabotagem, dizendo lutar contra a ameaça de fechamento do Congresso. A lógica personalizada é boa por isto: se o dono mandar, ela rebola até o chão, na boquinha da garrafa, e não tem que dar satisfação a ninguém.

Todo mundo viu o que a imprensa amiga do PT fez na época do *impeachment*: no meio da multidão pedindo a deposição de um governo corrupto, ela fotografava faixas de grupinhos pedindo intervenção militar e botava na manchete "o viés antidemocrático" do protesto.

É horrível isso, não é? Covarde, canalha etc., certo? Pois é exatamente o que os liberaloides passaram a fazer. Aliás, eles ajudaram a esconder a agenda positiva da equipe do Paulo Guedes (que veneravam até outro dia), com a sua chocante indiferença perante ações cruciais como a MP da Liberdade Econômica — engolida e soterrada em meio ao falatório periférico que eles travestem todo dia de crise governamental.

É crescente a quantidade de gente decidida a protestar contra a sabotagem das reformas (que é um risco) e da informação (que é uma realidade). E, por mais que os liberaloides queiram, essa gente não vai pedir licença a eles.

JÁ REPAROU QUE SEMPRE QUE SURGE UM PROJETO DE arrumação da casa no Brasil aparecem barricadas em defesa da "educação"? Pois é. Isso já apareceu como resistência ao neoliberalismo, e aí se regenerou como resistência ao fascismo. "O fascismo contra a educação" é um slogan e tanto. Para os heróis da narrativa, esse foi o melhor bordão depois do rosa para meninos e azul para meninas.

Não pense que é fácil viver como catador de lixo ideológico. É preciso ser sagaz, esperto como uma águia para ver a oportunidade — aquela xepa de panfleto dando sopa na sua frente. Aí você tem que agarrar a chance como quem agarra um cargo numa universidade pública oferecido por um padrinho do PSOL.

Contingenciamento de verbas públicas para todas as áreas (inclusive educação) cansaram de acontecer em todos os governos — especialmente em inícios de mandato. Mesmo Lula, o ídolo dos acadêmicos, e Dilma, a musa dos intelectuais, congelaram e eventualmente meteram a tesoura em corte raso nas áreas sociais — até porque roubaram tanto que precisavam compensar de alguma forma. E a resistência democrática e cultural sempre achou tudo lindo, para não estragar a cantilena que sustenta suas panelas — sempre cheias e imunes à crise.

Depois do *impeachment* houve um primeiro ensaio desse teatro revolucionário. No que os parasitas do PT foram enxotados da máquina pública, começou o esforço para tapar o rombo deixado pela quadrilha do bem — e uma das medidas fiscais mais importantes foi acabar com a contabilidade criativa (que derrubou Dilma) e restabelecer um teto de gastos. A emenda que cessava a orgia foi batizada de PEC do Fim do Mundo por esses progressistas de butique — já ali denunciando um ataque malévolo (e falso) à educação.

Até a ONU ajudou a espalhar essa *fake news* — embora isso não tenha muita importância, porque a ONU já andou se prestando a papéis bem piores.

Entre os que integravam aquela claque apocalíptica estavam, curiosamente, personagens importantes para a instituição da responsabilidade fiscal no Brasil, como Fernando

Henrique Cardoso. Como se sabe, o mais alto mandamento para certos homens públicos no Brasil é ficar bem na foto — e naquele momento transcorria a famosa conspiração Janoesley (criatura surgida da fusão entre um procurador-geral e um açougueiro biônico). Parte da grande imprensa infelizmente aderiu à armação e levou junto todos esses papagaios de pirata da sagrada luz midiática.

Em 2019, ressurgiu a mesma claque, incluindo o mesmo FHC, gritando que o obscurantismo chegou para acabar com a filosofia e a sociologia. É o tipo de *fake news* que os caçadores de *fake news* mais gostam de perpetrar, porque cola. E como você sabe, boa parte desse jornalismo de campanha que lamentavelmente se espalhou por aí não precisa nem de pretexto para fazer proselitismo.

Nos Estados Unidos, por exemplo, segundo a cobertura de parte significativa da imprensa, o Obama que travou a economia com sua demagogia tributária e foi pego em grave espionagem política é o bonzinho; e o Trump que ia provocar a Terceira Guerra Mundial e melhorou todos os indicadores sociais é o nazista. Fim de papo, não adianta discutir. Cartilha é cartilha, dogma é dogma.

A impostura se torna um pouco mais patética quando você lembra que a filosofia e a sociologia no Brasil — que segundo os arautos do apocalipse foram juradas de morte — abrigam, miseravelmente, uma fraude acadêmica. Parte considerável das verbas públicas destinadas a essas disciplinas viraram subsídio para contrabando político-partidário. A tragédia das ciências humanas no país já se deu com o sequestro do conhecimento pela panfletagem — e a transformação criminosa de salas de aula em assembleia do PSOL e do PT.

Obscurantismo é isso — e o longo silêncio de vocês, bravos democratas de festim, diante desse massacre cultural é obsceno.

Assinaram embaixo dessa fraude acadêmica, e não mostraram a tal valentia pela educação nem quando os cafetões partidários da UFRJ carbonizaram o Museu Nacional com sua incúria. Quando querem, vocês são os reis da tolerância. Não deram nem um gemido quando foi revelado que o Colégio Pedro II — que vocês fingem defender contra o fascismo — tinha virado uma espécie de sucursal do PSOL, com comitê local e tudo.

Sob o pretexto da resistência ao obscurantismo, vocês escreveram a mais vergonhosa página de picaretagem intelectual da história.

As manifestações em defesa da educação contra o fascismo em 2019 ofereceram um variado cardápio — de Lula livre a agressão de jornalista. Teve algumas fogueiras também. Isso talvez tenha sido uma homenagem ao Museu Nacional — instituição altamente partidarizada ao longo dos anos, portanto um evidente modelo educacional.

Quando você vê na rua militantes do PT, da CUT, do PSOL e cia, você tem certeza de que a luta é mesmo pela educação. Vale o esclarecimento aos que estão chegando agora ao Brasil: educação, no caso, significa uma plantação de cabides para pendurar sindicalistas e parasitas associados do setor de ensino, movimento muito bem-sucedido no século XXI. Claro que salas de aula por todo o país viraram palanque de autoperpetuação dessa classe unida e gulosa, mas isso nunca foi um problema para os que gritam que a educação vai ser engolida pelo fascismo.

Com a grita do mortadelaço, quer dizer, do protesto contra o massacre das verbas da educação, todo mundo se deu conta de que o setor só seria realmente bem gerido num governo Haddad — não apenas pela sólida formação por ele recebida diretamente do decano Lula na cela da Polícia Federal, onde sua candidatura presidencial nasceu. Mas também pela experiência adquirida em três anos de fraudes consecutivas na aplicação do Enem. Os mortadelaços afirmaram o claro desejo cívico de que a educação brasileira estivesse nas mãos de um suplente de presidiário — que até já estivera à frente do MEC e aproveitara para ensinar os brasileiros a escrever "nós pega o peixe".

Na Presidência da República, Haddad possivelmente teria a chance de voltar a conjugar, com o notório saber acadêmico do seu partido, o "nós pega a grana". Entendeu agora os gritos de Lula livre nas passeatas pela educação?

O que mais surpreendeu nesse show de civismo e valorização do conhecimento foi a postura dos fiscais de passeata. É uma categoria nova, muito operativa e sagaz, que faz uma espécie de meteorologia política. Assim como os responsáveis pela previsão do tempo, que alertam para o risco de grandes tempestades, os fiscais de passeata advertem sobre o risco de autoritarismo na convocação de uma manifestação de rua. Para atos em apoio às reformas econômicas e da Previdência, os meteorologistas cívicos previram nuvens negras: uma onda fascista se aproximava sob a superfície verde e amarela.

As manifestações pelas reformas transcorreram em paz no país inteiro, concentradas na pauta que as convocara e sem sinais de pregação boçal ou exortação antidemocrática. Mas a semente do fascismo devia estar muito bem escondida debaixo de algum chapelão dos vovôs e vovós, porque fiscal de passeata não erra.

Já para o mortadelaço, quer dizer, o ato pela educação, a meteorologia cívica não soltou qualquer boletim prévio. Os sensores e mapas dos fiscais deviam estar apontando só tempo bom e democracia radiante, porque não se ouviu um único alerta como todos que antecederam as manifestações pelas reformas. As fogueiras, as hostilidades à imprensa e a defesa ostensiva de criminosos condenados que se viram no mortadel... ato pela educação devem ter sido só uma brincadeira do pessoal irreverente (que se manifesta em horário de trabalho e estudo), porque os fiscais de passeata não erram.

Fica combinado assim: quem quiser saber as sutis diferenças semânticas entre educação, politicagem, democracia e vadiagem, procure o fiscal de passeata mais próximo. Ele certamente saberá ajudar.

CAPÍTULO 18

Araraquara connection

QUANDO A POLÍCIA FEDERAL ANUNCIOU A PRISÃO DE quatro *hackers* suspeitos de invadir o telefone de procuradores da Lava Jato, houve uma reação imediata e massiva nas redes sociais: #HackerDeTaubaté. Tradução: a polícia estaria na pista errada, ou ao menos lidando com suspeitos desimportantes — no caso, uns bagrinhos de Araraquara.

Veja que fenômeno interessante: foi exatamente o mesmo tipo de reação que ocorreu por mais de dez anos a cada vez que um delinquente ligado a Lula era flagrado. Eram sempre "aloprados" — ou seja, bagrinhos trapalhões tropeçando por conta própria sem o conhecimento do grande chefe. Valério, Waldomiro, Silvinho, Delúbio, Vaccari, Valdebran, Gedimar, Bumlai, Cerveró, Pizzolato, Rosemary, Vargas, Bargas, Delcídio... É uma floresta de aloprados que não tem fim.

Foi a Lava Jato que conseguiu depois de mais de década acabar com a famigerada instituição do "Lula não sabia" e prendê-lo como chefe de quadrilha.

O caso dos *hackers* contra a força-tarefa mostrou que fazer justiça no Brasil é uma espécie de exceção — em meio a uma forte cultura de dissimular responsabilidades. Mesmo com a dupla condenação de um ex-presidente que foi indiciado em uma dezena de processos, ainda restou espaço para o discurso da perseguição política e prisão injusta do pobre milionário. Nesse ambiente, a identificação de todos os mandantes da invasão dos telefones de agentes da Lava Jato seria crucial. Mas prevaleceu a historinha com aloprados de várias patentes — agindo à revelia e sem comando nenhum.

O assassinato do prefeito Celso Daniel, crime político que expôs a podridão do *modus operandi* petista, atravessou quase duas décadas com extermínio em série de testemunhas sem chegar aos mentores ou cúmplices de alta patente. No dia que esfaqueou o líder das pesquisas na eleição presidencial e futuro presidente da República, Adélio Bispo, ex-militante do PSOL — onde passou sete anos ouvindo pregações sobre a aniquilação do inimigo —, teve seu nome registrado por alguém como visitante na Câmara dos Deputados. O autor do atentado tinha dinheiro e vários aparelhos de telefone, mas o Brasil aparentemente aceitou a versão de que era mais um aloprado de outro planeta.

A rede de arapongagem fantasiada de jornalismo investigativo que atentou contra a Lava Jato era bem coordenada e sabia exatamente o que fazia. A depuração do país contra os picaretas só avança de fato com a revelação da cadeia de comando completa desse crime.

Vamos dar uma ajuda à polícia revelando aqui, no *Fake Brazil*, uma conversa entre os revolucionários Arara e Quara:

— *Hello*, Arara?
— Manda, Quara.
— Arara, eu ter um sonho.
— Fala aí.
— Derrotar uma juiz fascista e libertar uma homem boa.
— Legal.
— Você poder pensar positiva e mandar *very good vibrations* pra eu concretar minha sonho?
— Claro, eu também tenho um sonho.
— Qual ser a seu sonha?
— Conseguir uns telefones quentes de autoridade pra fazer o meu trabalho honesto.
— Arara, *darling*: quando um pessoa sonhar com fé, a desejo se realizar em 48 horas.
— Positivo, chefia.

Dois dias depois, nova ligação entre os revolucionários Arara e Quara:

— Recebido, tudo certo.
— *Wonderful, dear*. Sonho que se sonhar junta virar realitude. Agora você ir ajudar eu realizar minha sonho também.
— Certo, irmão. Mas me dá um tempo aí que esse negócio demora. É muita coisa pra roubar, quer dizer, pra prospectar, não dá pra fazer assim de um dia pro outro, não.
— *Sweet honey*, só não esquecer que ter um pobre milionária trancado num cela por fascista juiz malvada que não deixar alma puro roubar a povo honestidademente.
— Pode deixar, tô ligado.
— Ah, outro coisa: não precisar se preocupar com edição, ok?
— Claro, parceiro. Aí já seria outro *job*, né? Quer dizer, outro sonho.

Um mês depois:

— Arara, *darling*: recebi os vibrações positivos, obrigada. Mas eu estar sonhando com uns *messages* mais piquentas...

— Picantes, você diz?

— *Yeah*!

— O que tem é isso aí, diretoria. Inventar eu não sei, só roubar. Quer dizer, prospectar.

— ok, ok. Não ter *problem*. Eu ir sonhar com uma Oscar de montagem, tudo ir ficar *very beautiful*.

— Isso aí. Sonha com fé, parceiro. Hollywood nesses fascistas.

— Ahaha, *you're so lovely*, Arara!

— Quara, isso é só um sonho. Não esquece.

— *No* esquecer jamais.

— Falar em esquecer... Não tá esquecendo nada, não?

— *What*?

— Aquele meu outro sonho.

— Oh, *sure*! Claro! Eu estar tão emotivado com o revolução que até esquecer sua outra sonho...

— É, irmão. Mas esse é o que importa. Se eu sonhar com fé ele se realiza em 48 horas?

— Vinte e quatro.

— Obrigado. Dólar?

— *No. In real we trust*.

— Ok. Sonho real.

— *You got it*.

Os heróis que conspiram a céu aberto e anunciam dia sim, outro também a destruição da democracia no Brasil não ouviram falar da delação de Antonio Palocci. Vamos ajudá-los.

No festival de revelações do ex-ministro petista sobre o maior escândalo de corrupção da história do Brasil, um dado quase prosaico mostra de forma eloquente o que é destruição da democracia de verdade: na venda de medidas provisórias, o texto da decisão governamental era escrito pelo próprio freguês. Marcelo Odebrecht, por exemplo, cansou de redigir ele mesmo MPs que Lula ou Dilma assinariam.

E você achava que vender o país às empreiteiras era força de expressão.

Mais grave que isso, só a flagrante desvantagem da delação de Palocci, no espaço do noticiário nacional em meados de 2019, comparada com a novela dos vazamentos de conversas roubadas dos integrantes da Lava Jato. Resumindo: as revelações sobre o maior assalto da história interessam menos do que a espionagem contra os que prenderam os assaltantes. Interessam menos a quem?

Pergunta difícil. Mas uma boa pista para a resposta está na derrota de Lula no TRF4. A defesa do ex-presidente queria o direito de usar as tais mensagens roubadas no processo do sítio de Atibaia — aquele que não é do Lula, assim como o triplex do Guarujá também não era, bem como todas as propinas referentes às medidas provisórias escritas pelos próprios empreiteiros. Caiu tudo nos bolsos de uns amigos do Lula — esses sim, multimilionários graças ao governo popular.

Mesmo assim, o TRF4 não autorizou o uso do material hackeado na defesa dessa alma honesta, porque se tratava do produto de um crime (o que para Lula não tem o menor problema) — além de não ter utilidade alguma para o processo, porque consistia num amontoado de fofocas sem qualquer interferência na demonstração cabal dos delitos. O que chama a atenção aí — ou deveria chamar — é outra coisa: a impressionante sintonia entre a defesa de Lula e os divulgadores das mensagens roubadas que ele tanto queria usar.

Os divulgadores da novela de vazamentos contra a operação Lava Jato — tratados por aí com pompa como jornalistas investigativos — estavam todos (coincidência!) na cela do Lula, naquela famosa e vexatória sessão de bajulação fantasiada de entrevista. Lula os escolheu a dedo. E escolheu a dedo as mensagens que eles divulgaram para usar em sua defesa.

Nessa espiral de coincidências do outro mundo, há uma pergunta não respondida pelo Brasil: quem escolheu a dedo os *hackers* que invadiram as conversas privadas de agentes públicos — exatamente os agentes que investigaram e condenaram Lula?

Como todo novelista de quinta categoria, eles montaram aquela historinha de que os *hackers* estavam levando sua vida normalmente, roubando a comunicação privada dos outros sem fazer mal a ninguém, quando tropeçaram nos membros da força-tarefa que prendeu Lula. Os espiões tinham os telefones de todo mundo, menos o do site de fofoca ao qual queriam oferecer o material. Aí eles foram pedir esse telefone à Manuela D'Ávila (!) — e aí você falou para pararem de te chamar de trouxa que você já entendeu a conversa fiada.

Então é isto: militantes fantasiados de jornalistas que fizeram campanha ostensiva Lula Livre desde que seu guru foi preso, que fizeram campanha ostensiva contra a Lava Jato e contra os adversários do PT, ou seja, que declararam guerra aos inimigos da quadrilha petista, de repente viram cair do céu no seu colo o material roubado dos procuradores que investigaram Lula? Não dá, amiguinhos.

Tudo bem que vocês lidam basicamente com uma legião de otários que trata vocês como grandes repórteres cacarejando "sigilo da fonte" e "liberdade de expressão" para encobrir muamba de araponga e armação vagabunda. Mas para quem não quiser entrar nesse teatrinho delinquente o papo é outro. Suspeito só é herói em conto de fadas escrito pelo Marcelo Odebrecht.

Os *hackers* presos tinham 100 mil reais em espécie. O único caminho era e sempre será: seguir o dinheiro. Achar o contratante desses auxiliares de picaretagem e pegar de uma vez os picaretas principais — que estão aí, na cara de todo mundo. Democracia de brincadeirinha não serve.

* * *

TALVEZ VOCÊ NÃO SAIBA, MAS JOSÉ DIRCEU TEM UM FILHO deputado. Talvez você não se lembre quem é José Dirceu, então dê um pulo no Google quando não tiver ninguém olhando — para não ser acusado de formação de quadrilha. E agora que você já sabe de tudo, veja a cena: o ministro da Economia, com sua equipe de padrão internacional, liderando a reforma mais esperada do país e sendo interpelado por Dirceu Júnior.

Interpelação não é o termo exato — sugere uma dignidade que a cena não ostentava. Pegadinha seria mais próximo do sentido da coisa, já que molecagem está em desuso. Mostrando que desinibição é genética, o filho do herói sem tornozeleira saltou na ribalta para uma repreensão moral à autoridade econômica — e se você rir agora estragará o final da piada, que é de chorar.

Acaba assim: em plena discussão da reforma da Previdência, Dirceuzinho fez malcriação, bagunçou a sala, forçou a interrupção da audiência mais aguardada do ano e obteve, ato contínuo, ampla repercussão nas redes e na imprensa tradicional até sobre a existência de um fã-clube para exaltá-lo — com direito a muitas fotografias e sugestões de que se trata de um galã. Perdeu, Haddad.

Por mais que tenha sido lançado à Presidência dentro da cadeia, o que é muito excitante, o poste do Lula não tem o mesmo charme. Em seus perfis na internet, o filho do coordenador do maior assalto da história do país aparece dando voltas ao mundo — exibindo a quem quiser ver as maravilhas que uma família bem-sucedida pode desfrutar. O petróleo é nosso (deles).

Pois esse personagem carismático e cativante foi lá botar o dedo na cara do Paulo Guedes. Acusou-o de ser mau com os pobres e bonzinho com os poderosos. De maldade com o povo ele entende, considerando-se que a simpática gangue do seu pai presenteou os brasileiros com a maior recessão de sua história. De adulação e conchavo com os poderosos, o jovem herdeiro do petrolão também pode falar de cátedra — basta ver o clube de empreiteiras que o pai montou para livrar o país do excesso de dinheiro.

Mesmo com esse festival de virtudes, sendo o Brasil um adorável jardim de infância, o que consagrou Dirceu Jr. foi a sua terminologia pré-escolar: Guedes virou tigrão contra os fracos e tchutchuca com os fortes. O menino sabe o que diz. Poderia até ter ilustrado seu postulado contando como se faz para que a corte máxima do país seja tchutchuca com papai — condenado a mais de 30 anos de prisão e autorizado pelos togados a flanar à solta por aí.

Um ponto importante para a decisão do STF de manter José Dirceu fora da cadeia foi uma divergência sobre quantos milhões de reais o condenado teria que devolver aos cofres públicos. Faz todo o sentido — e a lei é claríssima: não se pode privar um ladrão de torrar à vontade o dinheiro roubado só porque ainda não se sabe exatamente quanto da fortuna amealhada com o suor dos outros vai sobrar para os felizes herdeiros.

O Supremo não iria deixar tigrão nenhum tirar o brinquedo do Zequinha.

Já o Brasil, sempre sensível aos guerreiros do povo e ao sagrado direito dos seus filhos de brincar com a cara da população, permaneceu na trincheira contra o fascismo imaginário. Esse sim é terrível — e deu para ver nos olhos faiscantes de Guedes a ira do tinhoso. Aconteceu a mesmíssima coisa na época de FHC — que se mudou para o camarote vip dos democratas de auditório, mas já foi o monstro neoliberal mancomunado com os filhotes da ditadura. O golpe fascista na ocasião se chamava Plano Real — e vinha junto com reformas do estado, inclusive da previdência. Mesmo truque.

Felizmente os brasileiros têm guardiões da democracia como Dirceu, Dirceuzinho, Gleisi, Molon, Freixo, Maria do Rosário e toda a brigada Lula Livre para lutar contra esses fascistas que querem indisfarçavelmente engordar o povo — provavelmente para depois maltratá-lo a golpes de gordofobia.

Não passarão!

CAPÍTULO 19

COVID, um negócio da China

NA RETA FINAL DA CORRIDA PRESIDENCIAL NOS EUA, plataformas de rede social censuraram postagens da conta oficial de campanha de Donald Trump. As postagens tratavam da baixa incidência de contágio do coronavírus entre crianças. De fato, as estatísticas situam a ocorrência da doença na infância, em termos percentuais, próximo do zero. Nenhum representante da medicina nega esse dado.

Mas quem afirmou isso foi a campanha de Trump, a menos de três meses da eleição. Traduzindo: o pecado detectado e punido por Facebook e Twitter não foi científico, foi político. Essa instituição dos "checadores da verdade" é o fenômeno mais reacionário do século XXI. A censura em pele de corregedoria democrática é o crime perfeito.

A campanha de Trump se referiu ao fato de que crianças muito raramente pegam COVID-19 (ao ponto de praticamente sumirem das estatísticas) como uma "quase imunidade". Foi isso que não passou na censura. Os arautos da quarentena burra, das especulações sobre segunda onda, das mistificações sobre o pico e da ideologização da cloroquina são assim mesmo. De vez em quando, eles têm uns surtos de rigor científico. E resolveram decretar que "quase imunidade" era uma expressão inapropriada que levaria à "desinformação".

Essa é a outra palavrinha mágica: desinformação. Qualquer ponto de vista que desagrade aos senhores da verdade é suficiente, hoje em dia, para acusar qualquer um de desinformar. Aquela antiga cadeia de comunicação livre — expressão, avaliação, discernimento, contraposição, conclusão — foi abolida. Os iluminados cortam o Mal pela raiz.

Quantas postagens de médicos sobre a terapia da cloroquina — que dividiu a comunidade científica — foram vetados ou classificados como desinformação? Inúmeros. A ciência se faz com troca de conhecimento. Mas os senhores da verdade já conhecem tudo previamente — e decidem o que pode ser dito. É a ciência da negação.

O fenômeno é especialmente intrigante porque Facebook, Instagram, Twitter e YouTube significam uma autêntica revolução democrática. São instrumentos inteligentes e agregadores que amplificaram a opinião pública para além do que era consolidado pela grande imprensa. A tentação dessas plataformas geniais de parecer "progressistas" — por puro cálculo mercadológico, nada a ver com ideologia — é um erro e um paradoxo. Assim elas traem a si mesmas, atentando contra seu próprio DNA libertador.

Todas as notícias sobre a retirada das postagens de Trump vinham embaladas com as palavrinhas mágicas de sempre: a campanha "conservadora", "de direita" etc. Trabalhar pela paz mundial é ser "de direita"? Foi isso que o governo Trump fez na redução das tensões com a Coreia do Norte.

Mas aí o avanço diplomático é negado e vira "amizade com o ditador". Os hipócritas têm sempre um jeito de retocar suas verdades de laboratório.

Caros Twitter, YouTube, Instagram e Facebook, vocês não lidaram bem com fenômenos como Trump e Bolsonaro. Eles são de fato bastante caricaturáveis — e, aliás, vocês deixaram circular muitas suásticas em seus ambientes, não é mesmo? Mas caricaturas à parte, o que a imensa maioria de usuários das redes identificados com pautas de Trump ou Bolsonaro quer é viver fora da bolha politicamente correta — que é antidemocrática e patrulha todo mundo para vender virtude a 1,99.

Acreditem: vocês têm nas mãos um mercado muito mais potente e saudável do que esse curral cheiroso que andaram cultivando.

Os togados no Brasil também passaram a investir tudo na falsa caçada às *fake news*. Alexandre de Moraes, conhecido nas redes sociais como Alex Mordaça, ficou mundialmente famoso por achar que toga é capa de super-homem e lhe permitia sobrevoar as leis. Inventou uma multa milionária para censurar Facebook e Twitter internacionalmente — mostrando que a sua megalomania não tem fronteiras.

Mas a suposta resistência democrática brasileira não deu um pio. Ela parou de se comover com tirania.

A falsa caçada do STF às notícias falsas prosseguiu com o ministro Luís Roberto Barroso convidando o biólogo do apocalipse — aquele que previu um milhão de mortos pela COVID no Brasil — para estrelar uma campanha do Tribunal Superior Eleitoral contra *fake news*. É ou não é uma piada pronta?

No meio de uma pandemia e com a tarefa de reconstruir o Brasil duplicada — o legado da ruína petista com o do coronavírus —, boa parte do país resolveu largar tudo e mergulhar na adolescência. O debate público nacional virou uma piada colegial. Como mostrou o ministro Barroso, o negócio era fingir lutar pela democracia fazendo conferências digitais com youtuber infantojuvenil.

O presidente da Câmara dos Deputados, Rodrigo Maia, também agendou a sua audiência *teen* — festejado pelo apresentador de auditório e estadista dos sonhos de Fernando Henrique Cardoso, Luciano Huck. É o proselitismo progressista de 1,99.

Rodrigo Maia dispensa comentários — é o homem certo no lugar certo para todos os fisiológicos que perdem com a agenda de reconstrução do país e da democracia. Eles precisam dos poderes postiços. Barroso é aquele que inocentou a quadrilha do mensalão, perdoou José Dirceu e vive de demagogia politicamente correta — sempre confundido pela plateia como o ministro anticorrupção do STF. Pobre plateia.

Entre os brinquedos da nova adolescência decrépita estava meter o dedo na cara dos que reagiam à experiência soturna do *lockdown*. Eram os valentes do *zoom*, em seu videogame de salvação de vidas. Até denúncia à Corte de Haia fizeram. Tudo bem, desde que eles estivessem lá também, sentadinhos no banco dos réus para responder por 12 mil mortes diárias de fome — e de doenças represadas, contágio doméstico e suicídio.

Hipocrisia não é crime, mas às vezes tem o julgamento mais severo de todos (quando a coletividade acorda a tempo).

Os progressistas de almanaque aproveitaram essa feira de virtudes virtuais para brincar de revolução dos costumes. Teve até marca chique usando campanha de Dia dos Pais para tentar posar de libertadora dos transexuais. O número de patrulheiros contra a discriminação a gays e trans se tornou provavelmente um milhão de vezes maior que o número de pessoas que discriminam gays e trans.

Os novos moralistas precisam do preconceito para exercer sua tara de meter o dedo na cara dos outros.

* * *

OS PATRULHEIROS DA VERDADE SUPREMA QUE SAÍRAM por aí censurando redes sociais não se incomodaram com a notícia falsa sobre a "desistência" do governo dos Estados Unidos de apoiar a entrada do Brasil na OCDE, a elite das nações. Se o mundo acreditou que o governo brasileiro decidiu transformar a maior floresta tropical do mundo em pasto, por que não espalhar que os EUA desistiram do Brasil? Na era das *fake news* de grife, jornalismo é um estado de espírito (de porco).

O governo Trump tinha acabado de expressar na Assembleia Geral da ONU seu alinhamento diplomático e comercial com o governo brasileiro — inclusive informando que os grandes investidores estavam confiantes no Brasil. A voz dos EUA transformou em pó a tentativa de isolamento do Brasil liderada pelo presidente francês Emmanuel Macron e outros mortos-vivos do ambientalismo cenográfico. Mesmo assim a usina de *fake news* de boa aparência achou que dava para emplacar a intriga da OCDE.

O Brasil estava exatamente no mesmo lugar na lista de candidatos a ingressar na Organização para a Cooperação e Desenvolvimento Econômico. Mas como o momento era do aval dos EUA ao ingresso da Argentina, a fábrica de desinformação (escondida sob grandes grifes jornalísticas) entrou em ação: Trump fecha a porta para o Brasil, gritaram as manchetes retumbantes.

Foi um dia inteiro de triunfal morbidez, com a alegre revoada das cassandras comemorando a céu aberto o suposto revés da diplomacia brasileira — uma chance de ouro para retomar a cada vez mais difícil sabotagem da reconstrução do país, fermentando essa teoria neurótica da degeneração nacional sob o fascismo imaginário. Só que não era nada disso.

Para quem tomou a decisão pessoal ou institucional, tanto faz, de mentir abertamente e sem constrangimento em defesa do seu próprio teatro, as ponderações baseadas na realidade não significam nada. Claro que essa resistência democrática de auditório sabe perfeitamente da tragédia diplomática provocada por anos de panfletagem pueril contra as grandes potências. Como se algum adulto de boa-fé pudesse acreditar que Lula, Dilma, Kirchner, Chávez, Maduro & parasitas associados pudessem representar uma revolução terceiro-mundista — e não um proverbial assalto aos seus respectivos povos, como ficou demonstrado.

Todos esses novos soldados das *fake news* perfumadas estão cansados de saber que a parceria Brasil-EUA foi retomada com a remoção da fanfarra ideológica.

Mas não importa. Trair, coçar e mentir é só começar. Aí você não para mais. Vamos fingir que o governo americano virou as costas para o Brasil? Claro! Nosso público é meio distraído mesmo, vamos dar uma "trabalhada" nesse aval dos EUA para a Argentina na OCDE (tipo o pessoal do site Interpret faz), montar aquela pegadinha fantasiada de notícia e jogar no ventilador. O resto a internet faz pra gente. Governo trapalhão! Fascista! Entreguista! Vassalo de Yankee! Etc. e tal.

Aí veio o presidente dos Estados Unidos da América e negou tudo. Reiterou seu apoio ao Brasil e ao presidente brasileiro — e nenhum corneteiro fantasiado de jornalista pôde dar aquela destorcida salvadora, porque hoje em dia qualquer autoridade tem sua própria mídia. Malditas redes sociais! Mordaça já!

Então o companheiro Donald voltou para o seu trabalho, que ele tinha mais o que fazer, e as cassandras ficaram pelos cantos lambendo a ferida. Mas não pense que isso as constrange. Quem admite para o próprio travesseiro que passará a maquiar informação e conhecimento não se abate à toa. A verdadeira covardia requer muita coragem.

E no dia seguinte eles voltam ao ofício, anunciando que Paulo Guedes vai largar tudo para abrir uma pousada no Caribe e que o Trump vai vender o Brasil para a Rússia, ou algo assim. Claro que quando o governo americano desistiu (de verdade) de indicar a Argentina para a OCDE — devido ao populismo desastroso do fantoche de Cristina Kirchner — o jornalismo *Fake Brazil* ficou em silêncio. A realidade crua não tem a menor graça.

E foi assim que subitamente, nos Estados Unidos e no Brasil, a suposta ética em defesa da vida contra o vírus — que patrulhou todas as críticas ao trancamento geral da população — se transfigurou. O "fique em casa" de repente virou "vá para a rua". Diziam que eram manifestações democráticas contra o racismo e o fascismo. O rastro de destruição violenta deve ter sido um detalhe.

Então ficou combinado assim: quem não quebrou com a quarentena, agora ia ser quebrado na pancada. O importante era quebrar.

Essa equação entre epidemia e política ficou confusa. De vez em quando, a Organização Mundial da Saúde dava uma passadinha para dizer que o pior ainda estava por vir, que o pico ainda não tinha chegado etc. — sem maiores detalhes sobre projeções e índice de contágio entre os confinados. Em tradução livre: esperem aí parados que depois a gente volta para explicar.

Quem acreditou que isso tinha a ver com saúde, ficou em casa. Quem só pensava em fazer política, foi para as ruas tacar fogo na bandeira nacional. E a estranha salada ética foi produzindo suas pérolas. Diante das reações indignadas ao ataque ao maior símbolo pátrio, o presidente da Câmara dos Deputados Rodrigo Maia reagiu de forma peculiar: equiparou a destruição da bandeira nacional ao uso de faixas de protesto contra o Congresso. É isso aí, companheiro. Igualzinho.

Acompanhando a batalha das éticas, vinha a batalha das estatísticas. Os que divulgavam óbitos ininterruptamente diziam ser por solidariedade às vítimas. Mas jamais divulgavam em quantos óbitos o coronavírus fora o fator letal, nem mesmo em estimativa. Estranho. Os números de mortes por pneumonia, AVC e infarto, por exemplo, despencaram drasticamente de 2019 para 2020. Dezenas de milhares de óbitos a menos. O que teria acontecido para haver essa guinada estatística sem precedentes?

Evidentemente, a pneumonia não deixou de matar menos 30% de brasileiros de uma hora para outra. A diferença foi que em 2020 essas pessoas estavam infectadas pela COVID-19, que virou *causa mortis* mesmo quando não causou mortes.

Os divulgadores poderiam ter aproveitado também seu princípio solidário para informar o público sobre os milhares de óbitos classificados na categoria "em investigação" — por falta de autópsia e por tipificação como "causa presumida", fora as falsificações de atestado. Informação solidária não deveria ter a ver com a divulgação mais exata possível das dimensões do problema?

Esquece. Nem os levantamentos de quantos hospitalizados de COVID-19 eram provenientes do confinamento foram feitos no Brasil, ou pelo menos não foram levados ao público. No estado de Nova York, as pesquisas revelaram que a maioria dos internados em UTIs estava anteriormente trancada em casa. Por que os que soltaram boletins diários de óbitos no Brasil não trouxeram esses esclarecimentos? Um critério desses poderia até levar alguém a achar que eles só queriam acuar a população.

Enquanto o noticiário seguia essa escalada estranha, governadores de estado — alguns com a polícia nos calcanhares — evocavam a ciência para fazer o que lhes dava na telha. No Rio de Janeiro, por exemplo, Wilson Witzel planejava com a Fundação Oswaldo Cruz o aumento do *lockdown* no estado numa semana, e duas semanas depois decidia decretar a reabertura de diversas atividades, incluindo shoppings. Que ciência seria essa? Vacina contra *impeachment*?

Aí os adeptos do confinamento radical de repente tinham que decidir se iam ao shopping ou se patrulhavam quem ia. Retomar a vida ou continuar em casa esperando o pico?

O festival de critérios "científicos" serviu para quase tudo — incluindo a proibição de operações da polícia em favelas no mesmo Rio de Janeiro, dessa vez em decisão tomada pelo Supremo Tribunal Federal (ministro Edson Fachin). Ou seja: o STF entregou a população carente aos bandidos, dizendo protegê-los do coronavírus.

Para a patrulha supostamente humanitária que dizia defender vidas da pandemia, parece que as únicas liberdades legítimas passaram a ser as de confinar, censurar e destruir. Questionário *Fake Brazil*: em 2020, quantos autoritários você viu saírem do armário? Para quantos deles esse vírus foi um negócio da China?

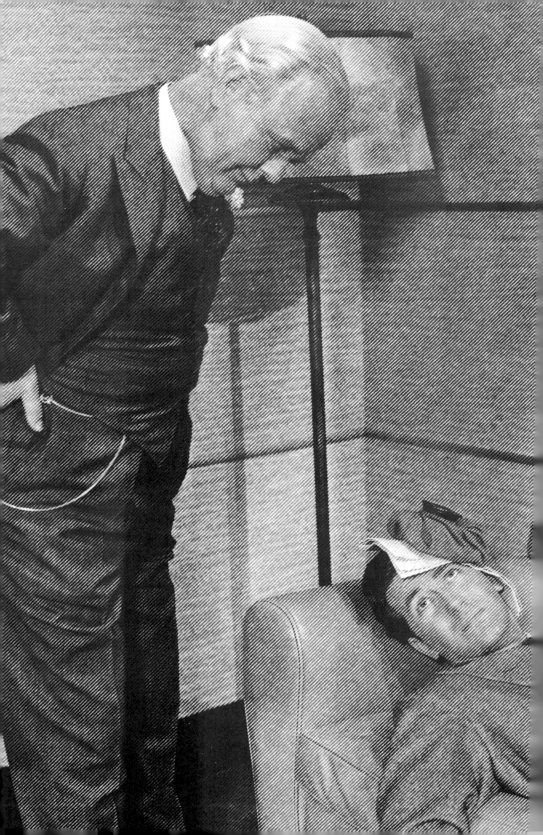

CAPÍTULO 20

Esperando a vacina contra a hipocrisia

UM DOS GRANDES TABUS BRASILEIROS É A FAMIGERADA caixa preta do BNDES. Mas veja que fenômeno curioso: enquanto a resistência cenográfica protestava contra o fascismo imaginário, Lula, Palocci, Paulo Bernardo e Marcelo Odebrecht viraram réus por forjarem uma operação bilionária envolvendo o... BNDES. Eles criaram um crédito especial de 1 bilhão de dólares em favor de Angola (você leu 1 bilhão de dólares) para fazer aquela triangulação esperta que enriqueceu todos eles com o seu dinheiro. Uma bomba, né?

Mas parece que inventaram a bomba silenciosa. A notícia, de junho de 2019, simplesmente sumiu. Depois que saiu essa decisão da Justiça Federal de Brasília, aceitando a denúncia do Ministério Público, o Brasil falou de tudo — dos arapongas do BBB às malcriações do Rodrigo Maia, até mergulhar na prisão epidêmica. Tudo que servisse para confundir e atrapalhar o plano de reconstrução nacional liderado por Paulo Guedes repercutiu ao infinito. Até na substituição do presidente do BNDES o companheiro Maia se meteu, na sua sanha para desacreditar a equipe econômica.

Mas e a bomba de Angola?

Ninguém sabe, ninguém viu. Sumiu no éter — e pelo visto, o que não falta ao noticiário contemporâneo é éter. Todo mundo doidão de uma substância esquisita que torna a realidade dos fatos um detalhe bastardo, quase um estorvo. O importante é narrar — e narrar *à la carte*.

Voltando então ao BNDES. Cadê a caixa preta? Respondemos aqui mesmo, com exclusividade: está no seu nariz, distraído. Abertinha da Silva, fedendo ao ar livre e desolada com a indiferença dos brasileiros.

Guido Mantega e o ex-presidente do BNDES Luciano Coutinho também viraram réus por fraude de 8 bilhões de reais na operação Joesley. Existem de fato muitas operações secretas do banco ainda blindadas, mas o Brasil chegará a todas elas se prestar mais atenção ao lado transparente da caixa preta. O avanço da Lava Jato está diretamente ligado ao bom andamento de processos como o da operação Angola, que contém absolutamente todos os ingredientes do *modus operandi* da quadrilha petista que arruinou o país (e parte do continente).

Boa parte da operação Joesley nem secreta foi. Com a aura de bondade que o Brasil concedeu a Lula, Dilma e picaretas associados, eles criaram à luz do dia uma sociedade multibilionária entre o BNDES e a JBS (!), criando o maior laranjal do mundo. Laranjal oficial, com firma reconhecida — a delinquência toda certinha, dentro da lei. Contando ninguém acredita.

Como o próprio Joesley confessou, ele virou o maior corruptor da República — e adivinha servindo a quem? Pois bem: qual a importância disso, além de punir quem comete crimes? A importância disso — e de tudo que está representado pela tal caixa preta do BNDES — é expor o poder passado e presente de uma quadrilha que passou a ser embelezada no salão por intelectuais afetados e auxiliares de arapongagem fantasiados de jornalistas investigativos.

Desde que Dilma sofreu *impeachment* — atenção alunos da escola Eleva: o governo corrupto do PT caiu por um processo legal de *impeachment*, e vocês jamais saberão disso se dependerem dessa geografia alternativa com refração em cirurgia plástica petista que vocês aprendem. Mas como íamos dizendo: desde que Dilma sofreu *impeachment*, a quadrilha que enriqueceu nos 13 anos de DisneyLula tenta sabotar a reconstrução das instituições para retomar as rédeas. A tentativa de virada de mesa na famosa conspiração Janot-Joesley de 2017, que acabaria com o criminoso anistiado num doce exílio em Nova York, fracassou por pouco.

A condenação de todos esses personagens envolvidos nas tramoias do BNDES — que superam facilmente as cifras dos escândalos na Petrobras — não serão um acerto de contas: os resíduos desse populismo cleptocrático sobreviveram — com grana no bolso, poder de articulação e coação, sabotando com todas as forças o projeto de retomada do crescimento que começou com a reforma da Previdência.

A máquina de sabotagem forjou uma luta contra o fascismo imaginário. A caixa preta, branca, transparente, azul e cor-de-rosa do BNDES mostra que fascismo foi o sequestro totalitário das instituições operado pelo PT. Mas você precisa acreditar no que vê.

E precisa entender que a orquestra da sabotagem cresceu. Quando a epidemia começou a ameaçar deixar o Brasil em paz, os acionistas da paralisia reciclaram sua munição. Você pôde ver, por exemplo, um economista conceituado como Persio Arida (um dos formuladores do Plano Real) dizendo que o Brasil tinha virado um "pária" dos investimentos — e ele disse isso usando argumentos ecológicos... Esquisito, não é?

Especialmente quando esse mesmo Brasil acabara de voltar ao top 25 do Global Index (A.T. Kearney) — ranking dos países mais confiáveis do mundo para se investir.

Muitos daqueles que seriam parceiros da agenda de reconstrução do país — incluindo as reformas liberais — entraram em outra. O nome do jogo passou a ser combate ao fascismo imaginário — um jogo, obviamente, político (no sentido mais rasteiro do termo). E em se tratando de sabotagem, a chegada do coronavírus foi providencial — com tudo que há de tenebroso nessa constatação.

A história não deixará uma linha de dúvida sobre a politização do *lockdown*. O epidemiologista John Ioannidis, da Universidade de Stanford, foi uma das vozes enfáticas constatando a ausência total de fundamento científico na adoção da quarentena geral, mundo afora. O investimento no pânico chegou a forjar a impressão de que todos seriam implacavelmente vulneráveis ao coronavírus.

Ioannidis observou que para pessoas abaixo de 45 anos, a taxa de mortalidade entre infectados por COVID-19 era de "quase 0%" — e entre 0,05% e 0,3% no grupo de 45 a 70 anos. A incidência de óbitos superou esses níveis entre as pessoas acima dos 70 anos.

Aí você olhava para a rua e via ações brutais como a da prefeitura de Curitiba impedindo a dona de uma loja de calçados de lutar contra a falência afixando na vitrine um número de telefone para *delivery*. Que argumento científico ampararia uma medida dessas?

Ninguém entre os que falavam em salvar vidas queria olhar o outro lado da moeda: assim como para o professor John Ioannidis, o custo humano do *lockdown* também era injustificável na concepção do Nobel de Química Michael Levitt. Ele sustentou que o trancamento total custou mais vidas do que a própria pandemia. Segundo a Oxfam, organização internacional de direitos humanos, em meados de 2020 já morriam de fome diariamente 12 mil pessoas no mundo em consequência do *lockdown*.

Algumas vacinas demoram a chegar. A da hipocrisia não chegará nunca.

* * *

O MUNDO SERIA UM LUGAR BEM MELHOR COM A CHEGADA de uma vacina contra a hipocrisia. É a epidemia de alastramento mais vertiginoso no século XXI. Ela é grave em vários campos — inclusive os de futebol.

A premiação dos melhores jogadores na temporada 2019 do futebol brasileiro teve uma novidade. Juntamente com os melhores, foram premiadas as melhores. Festa divertida, música, flashes, emoção. E um intruso meio desagradável: o fato de que todo mundo conhecia os jogadores premiados — Gabigol, Arrascaeta e companhia, da irresistível seleção do Flamengo — e quase ninguém conhecia as jogadoras. Ah, tudo bem.

Quer dizer: mais ou menos. Vamos promover o futebol feminino — excelente iniciativa. E ele evolui bem, com atletas cada vez mais potentes e talentosas. Só uma coisa atrapalha: a demagogia.

Em vez de tratar a modalidade em ascensão como ela é — em termos de performance, interesse do público e história — os gênios do marketing não resistiram à tentação da feira moderna e partiram para a equiparação. Golaço (contra). Evocar Pelé para falar da Marta é uma crueldade com ela, que acabou topando o jogo e se tornou uma voz pelos direitos iguais. De desigual existem só algumas centenas de milhões de interessados a mais pela "categoria" masculina — e cerca de um século de história conhecida nos quatro cantos do mundo. Mas isso virou detalhe.

Pelé deixou de ser o rei do futebol. Virou o rei do "futebol masculino". Diga isso em voz alta, constate o ridículo e aproveite mais essa chance de entender que a demagogia não ajuda ninguém na vida.

A festa da premiação e os programas esportivos exibindo lado a lado as listas dos jogadores e das jogadoras premiadas seria um momento para a antologia do constrangimento — se a patrulha politicamente correta não tivesse exterminado o discernimento geral. Foi, portanto, normalíssimo. Ninguém notou que era o evento mais machista do ano.

Lá estavam os homens — que fizeram e fazem a história do futebol, ou seja, os donos da festa (e da audiência) — dando uma carona para as mulheres. Um favor galante, canastrão — machista. O esforço absolutamente patético de elencar as desconhecidas vencedoras da Ferroviária de Araraquara lado a lado com os craques do Brasileirão, cujos nomes o grande público ouviu o ano inteiro, não ajudava em um milímetro o belo projeto de desenvolvimento do futebol feminino.

Por mais que a hipocrisia tenha sido levada até o fim pelos promotores e difusores do espetáculo, o público sempre sente quando estão forçando a barra para cima dele. E não gosta.

A capitã da seleção dos Estados Unidos se tornou mais conhecida do grande público por dar declarações contra Donald Trump. Isso foi estimulado pelos promotores do futebol feminino — e é uma afronta ao futebol feminino. Você deixa em segundo plano o esforço, a técnica, a emoção das esportistas para

ESPERANDO A VACINA CONTRA A HIPOCRISIA

destacar uma retórica (que mesmo se não fosse oportunista, jamais poderia se sobrepor ao mérito esportivo).

Tentar alavancar o futebol feminino com a premissa de que ele não se desenvolveu ao longo da história por preconceito é uma falsidade. E alavanca falsa não funciona.

Vamos ver se aparecem marqueteiros geniais propondo uma competição de Fórmula 1 só com mulheres — e pleiteando igualdade salarial para as pilotas. Por que não? Se as coisas não podem simplesmente ser como são e tudo é matéria para os corregedores politicamente corretos, vamos à próxima revanche.

O futebol feminino evoluiu muito e passou a proporcionar lances bastante atraentes para quem gosta do esporte. Mesmo assim, por conta de vários aspectos como dimensões do campo e da baliza, disposição tática, eventualmente velocidade de reação das atletas e outras particularidades, o jogo manteve certo sotaque amador ao público cativo do futebol. E se alguém achou que ia substituir paixão clubística e história por discurso, se enganou redondamente. Essa bola é quadrada.

Em vez de retórica, os promotores do futebol feminino poderiam ter reativado as partidas preliminares nos dias de grandes clássicos — para acostumar as atletas aos grandes públicos (e eles a elas), defendendo os grandes clubes. Ou outra coisa qualquer que permitisse anunciar nos alto-falantes a substituição: sai a demagogia, entra a sinceridade.

A indústria da patrulha humanitária se baseia no seguinte teorema: você é uma pessoa péssima e altamente preconceituosa até prova em contrário — e antes que você prove já terá um gladiador politicamente correto enfiando o dedo na sua cara e te expondo na internet. Foi esse ambiente obscuro que levou Danuza Leão a parar de escrever.

Após décadas assinando crônicas deliciosas e fundamentais — olhando a vida como ela é, e às vezes como queríamos que ela fosse — essa grande autora decidiu parar no auge. Por quê? Porque uma pessoa que passou a vida fazendo picadinho dos preconceitos não acha a menor graça em viver cercada de patrulheiros pregando rótulo de preconceituoso em todo mundo.

Falar de amor entre homens e mulheres tendo que pagar pedágio para feminismo reaça e panfleto LGBT? Logo ela, que ajudou a libertar todo mundo, de todos os sexos, com a sua escrita e a sua vida? Não dá.

A asfixia moralista atual sobre todos os temas vendáveis — em nome da liberdade! (pode rir para não chorar) — chegou ao limite para Danuza Leão. "Percebi que estava me autocensurando", declarou a cronista. Veja que barra pesada: os supostos libertários viraram os verdadeiros censores. E são bem piores que os convencionais — eles matam a liberdade por dentro.

Num tempo em que se vê todos os dias uma grande personalidade andando de quatro e abanando o rabinho para essa revolução *fake* (guardando seu lugar no clube), Danuza se manteve de pé. E não apontou dedo para ninguém. Só disse que essa patrulha politicamente correta encaretou tudo — e que não dá para escrever sem liberdade. Mas pensar, dá.

Ela avisou que resolveu passar a se divertir pensando. Xeque-mate nos talibãs fantasiados de progressistas.

A diversão mental de Danuza jamais será compreensível para os talibãs do humanismo *fashion*. Veja ao vivo como é dura a vida deles:

— Você faz o quê?
— Defendo a liberdade.
— Excelente.
— E você?
— Também. Defendo a liberdade.
— Opa! Estamos em casa.
— Nenhum fascista num raio de dois metros hoje em dia é lucro.
— Nem fala. Tá demais essa onda autoritária.
— E tem uma coisa que me irrita especialmente nesses tempos de obscurantismo e cerceamento geral.
— O quê?
— A liberdade.
— Como assim?
— Olha em volta. Estamos aqui, nós dois, num espaço e num tempo de liberdade plena. Isso é um absurdo.
— Verdade. No mínimo uma incoerência.
— Claro! Que onda fascista é essa que permite descaradamente a liberdade plena?
— Incompetentes! Não servem nem pra fazer o mal.
— Nem pra isso!
— Agora me diz: como ficam pessoas como nós, ativistas incansáveis da luta pela liberdade, nesse cenário hediondo de liberdade total?
— É mesmo. Bem que eu tava sentindo um lance estranho e não sabia o que era...
— E era o quê?
— Ah, isso aí que você falou. Não sei descrever.
— Falta do que fazer?
— É isso! Incrível a sua sensibilidade.
— Obrigado. Um libertário sabe ler a alma de outro libertário.

— E agora? O que a gente faz?
— Bem, como você mesmo disse... A gente não tem o que fazer.
— Porra, mas você vai ficar aí parado com essa onda fascista fazendo cair a grande noite em Latino América?!
— Não! Temos que agir. Ainda mais sendo uma noite com cara de dia, com o sol da democracia batendo na nossa cara e permitindo que todo mundo faça o que bem entenda!
— É muita permissividade mesmo.
— Escandaloso.
— Por mim, mandava prender todos esses reacionários que traem os seus princípios e permitem essa epidemia democrática.
— Assino embaixo. Essa gente vive no pecado.
— Tive uma ideia: vamos gritar pela causa gay!
— Não vai funcionar.
— Por quê?
— A causa gay já tem meio século, não existe mais sociedade homofóbica — só aquelas xiitas talibãs. Ninguém vai prestar atenção na gente.
— É o que você pensa.
— Eu penso, não. Eu vejo. Gays se destacando no mundo empresarial sem armário nenhum, nas novelas, no esporte... Já era, acabou.
— Tudo isso é verdade. O que você pensa é que não tem um monte de gente na nossa situação.
— Que situação?
— Carente, inútil, sem pretexto pra botar nossa capa de heróis contra o preconceito.
— É isso!
— O quê?

ESPERANDO A VACINA CONTRA A HIPOCRISIA

— Heróis! Vamos armar um flagrante do Super-Homem beijando o Incrível Hulk na boca e esfregar na cara daquele bispo decrépito!
— Gênio! Será que a gente descola uma censurinha?
— Bom, se nem aquela múmia cair no nosso teatro, eu desisto de lutar pela liberdade...
— Vamos com fé!
— Aleluia!

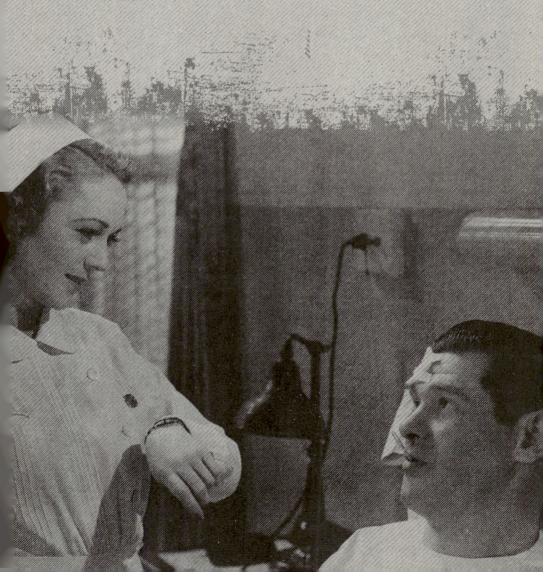

ASSINE NOSSA NEWSLETTER E RECEBA INFORMAÇÕES DE TODOS OS LANÇAMENTOS

www.faroeditorial.com.br

CAMPANHA

Há um grande número de portadores do vírus HIV e de hepatite que não se trata. Gratuito e sigiloso, fazer o teste de HIV e hepatite é mais rápido do que ler um livro.

FAÇA O TESTE. NÃO FIQUE NA DÚVIDA!

ESTA OBRA FOI IMPRESSA EM JANEIRO DE 2023